풍전등화
위기의
대한민국

풍전등화 위기의 대한민국

발행일	2022년 4월 11일

지은이   정성구
펴낸이   손형국
펴낸곳   (주)북랩
편집인   선일영   편집   정두철, 배진용, 김현아, 박준, 장하영
디자인   이현수, 김민하, 허지혜, 안유경   제작   박기성, 황동현, 구성우, 권태련
마케팅   김회란, 박진관
출판등록   2004. 12. 1(제2012-000051호)
주소   서울특별시 금천구 가산디지털 1로 168, 우림라이온스밸리 B동 B113~114호, C동 B101호
홈페이지   www.book.co.kr
전화번호   (02)2026-5777   팩스   (02)2026-5747

ISBN   979-11-6836-265-9 03340 (종이책)   979-11-6836-266-6 05340 (전자책)

(주)북랩 성공출판의 파트너

북랩 홈페이지와 패밀리 사이트에서 다양한 출판 솔루션을 만나 보세요!

홈페이지 book.co.kr   •   **블로그** blog.naver.com/essaybook   •   **출판문의** book@book.co.kr

---

작가 연락처 문의 ▶ ask.book.co.kr

작가 연락처는 개인정보이므로 북랩에서 알려드릴 수 없습니다.

풍전등화 위기의 대한민국

세월호와 함께

침몰하는 대한민국을 구하자

정성구 지음

 북랩

머리말

필자는 10여 군데의 직장에서 40여 년간 기술직으로 직장생활하고 퇴직한 60대 후반으로 어떤 특정 정당에 가입한 적도, 후원금을 내어 본 적도, 정치집회에 참여해 본 적도 없었으며, 정치에도 별로 관심 없이 그저 평범하게 살아온 보통 사람 중의 한 사람이다.

우리나라의 세월호 사고의 경우에는 상식적으로 판단해도 선박이 전복된 주원인은 급격한 항로 변경이었고, 대부분의 여객선 운행회사와 유사한 관례대로 과적, 선적 차량의 고정 부실 등 안전관리를 소홀히 했던 요인들이 전복의 보조적 원인이었을 것으로 판단되었다.

하지만 세월호 사고로 어린 학생이 너무나 많이 희생되어 국민이 안타까워하던 차에 야권에서는 이를 정권교체의 호기로 판단하고, 마치 세월호 사고가 당시 대통령의 엄청난 책임인 것처럼 호도하기 시작하면서 권력을 잡기 위하여 불난 집에 부채질 하듯 대규모 촛불집회를 통하여 분노한 국민과 언론을 부추기며 선동함으로써, 세월호 사고 이후 적어도 1년 가까이 신문, TV, 라디오 할 것 없이 대부분 뉴스는 세월호 사고의 보도로 채워져 사회가 거의 마비 상태에 있었다.

세월호 사고 후 일부 집단은 겉으로는 어린 학생들을 포함하여 목숨을 잃은 많은 사람을 안타까워하는 듯하면서, 실제로는 그 사고를 이용하여 집단 또는 사익을 챙기는 데 급급한 이중적인 행동들을 보면서 필자는 너무나 실망하였고, 터무니없는 선동정치에 환멸을 느껴, 세월호 사고부터 코로나 사태가 오기 전까지는 아예 신문, TV, 라디오 할 것 없이 모든 뉴스를 시청하지 않았었다.

세월호 사고 이후 정권교체를 이룬 문재인 대통령과 더불어민주당(민주당)은 국민이 밀어준 절대다수의 국회의원 의석수를 생각한다면 민주당은 진정 국가와 국민을 위한 정책을 추진하였어야 했다.

하지만 재집권만을 위한 집단이기주의에 빠져 온통 추진하는 정책들이 환경문제, 청년 일자리 등 국민의 감성을 자극하는 선동정책과 남자와 여자 등 사회 구성원들을 이분법적으로 나누어 계층 간의 갈등을 일으키면서 자신들이 다수의 약자 편임을 부각해 표를 얻으려는 인기 영합적 선동정치에 집중하고 있는 것 같았다.

　이러한 정치 분위기로 인해, 야당인 국민의힘에서는 항상 반대를 위한 반대가 일어나면서 여·야가 기회가 있을 때마다 구실을 찾아 상호 공격하는 공격성이 심화하여 극단적 투쟁이 일어남으로써 이런 정치권의 싸움을 보는 국민도 자연스럽게 양 진영의 논리에 휘말림으로써 편가르기가 된 국민은 점점 내 편과 네 편만 있게 되는 극단적 정치 양극화에 빠지고 국론 분열이 극도로 심각해져 이제는 봉합하기도 어려운 지경까지 와 있다.

　이는 각종 군중 집회, 여론조사, 매스컴, 소셜미디어(social media), 인터넷 댓글, 청와대 국민청원 등 때와 장소를 가리지 않고 양대 진영이 피 터지게 싸우면서 크게 양분된 정치권은 국론을 통일하기 위한 국민통합, 국가발전을 위한 경제부흥, 나라를 지키기 위한 국방, 국민의 도덕 불감증을 해소하기 위한 윤리·도덕 교육 등 국가가 당면하고 있는 가장 시급한 정책들에는 관심조차 없고, 정치집단들은 집단 광분으로 패싸움에만 열중하고 있는 느낌이었다.

　우크라이나는 친유럽파인 서쪽 지역과 친러시아파인 동쪽 지역 간의 동서지역 간 갈등으로 인한 국론 분열로 사회 불안이 일어나고, 러시아, 미국, 영국 등의 꼬임에 넘어가 핵무기를 포기하는 대가로 경제지원, 안보 보장 등을 내용으로 하는 "부다페스트 양해각서"라는 종이 쪽지를 믿고, 핵무기를 모두 러시아로 반출해 폐기하였다. 그 후 러시아가 영토 확장의 욕심으로 자국이 작성한 각서조차 위반한 채 여러 핑계를 대며 침공하여 나라가 절체절명의 위기에 놓인 현실들을 코앞에 마주하면서도 가장 중요한 국가안보를 선동정치의 대상으로 삼고 종전 선언, 주한미군의 철수, 평화를 위한 전쟁 불가론 등을 펴는 집단을 보면서 참으로 참담한 심정이다.

　문재인 정권은 군대도 사람들의 집단이므로 이런저런 사고가 날 수밖에 없음에도 불구하고 사고가 나면 계층 간 갈등을 부추기듯 상급자의 처벌에만 급급함으로써 군대에서 가장 필요한 기강이 무너져, 군인들이 사고를 지키는 군인으로 전락하였다. 전쟁이 나면 적과 생명을 걸고 수비해야 하고, 진격해야 하고, 빼앗긴 시설을 탈환해야 하는 지상군의 임무를 수행할 수 없는 군인으로 만들어 놓았다고 많은 국민은 걱정이 태산 같은데, 그런 사실은 관심조차 없어 보였다.

　이처럼 국가안보가 위기인데도 제20대 대통령선거 후보자들의 선거공약을 보면 국가안보에는 관심이 없고 오직 군인의 표만을 의식하여 병사에게 휴대전화 지급, 전역 지원비 지급, 병사들 급여 인상 등 국방예산의 대부분을 기강이 무너져 군인의 역할을 못 한다고 걱정하는 병사들의 급여에 사용하려 하여, 국가안보에 정작 필요한 첨단무기 전력 보강 등에는 쓸 국방예산이 없도록 전형적 선동정치인 선거 포퓰리즘(populism)만 쏟아내고 있었다.

제20대 대통령 후보자 TV 토론에서 북한의 도발에 대응하는 선제 타격 수단 및 미사일 방어체제의 구축을 말하며 튼튼한 자주국방으로 전쟁억지력을 만들어야 한다는 대통령 후보자에게 평화보다 전쟁을 좋아하느냐며 평화를 위한 전쟁 불가론을 버젓이 주장하는 후보자들이 있었는데, 만약 그들이 대통령이 된다면 북한이 핵무기로 협박하며 전쟁하겠다고 하면 평화를 위해 남한을 바로 내어줄 것 같은 황당한 논리라서 너무나 큰 충격을 받았다.

2018년 4월 열린 남북정상회담에서 합의한 "판문점 선언"의 주요 내용을 보면 "어떤 형태의 무력도 사용하지 않는 불가침 합의, 단계적 군축, 종전 선언, 완전한 비핵화로 핵 없는 한반도를 실현, 북의 주동적 조치가 비핵화를 위해 대단히 의의 있고 중대한 조치라는 데 인식을 같이함" 등으로 현재까지 지켜지지도 않았거니와 향후 지켜질 가능성도 없는 허구에 찬 문구들이며, 온통 북한이 원하는 내용들로 채운 하나의 종이쪽지에 지나지 않는 판문점 선언을 발표하고도 자신의 임기가 끝나기 전에 종전 선언을 마무리하겠다고 UN에 쫓아다니며 서두르던 문 대통령의 모습을 보고, 과연 남한의 대통령인지 북한의 최고 지도자인지 도저히 이해되지 않았다.

아프가니스탄이나 베트남 등에서 미군 철수 후 내전이 일어나 강자가 곧바로 정권을 인수한 사례들을 보아왔음에도 불구하고, 핵무기, 화학무기 등 비대칭 전력이나 세계 최강 수준의 지상군 전력을 가진 북한과 대치하고 있는 우리나라에서 국민의 합의도 없이 누구를 위해 종전 선언하고, 주한미군 철수 주장이 나오고 있는지 궁금하며, 이런 상황에서 한반도의 전쟁억지력으로 작용하고 있는 주한미군마저 철수한다면 대한민국의 국호가 과연 언제까지 존재할지 가늠하기도 어려울 것 같다.

제20대 대통령선거를 보면 후보자마다 국가가 파멸 위기에 있는 것은 관심이 없고 오직 대통령을 하겠다는 욕심으로 선거에서 표를 얻기 위한 인기 영합 전술로 국가 재정으로는 감당할 수 없을 정도의 엄청난 선거 포퓰리즘을 쏟아내며 국민을 선동하여 표를 얻기 위한 일에만 혈안이 되어 있으므로 대통령선거를 한 번만 더 치르면 국가의 재정이 파탄이 날 정도로 심각한 국면을 마주하고 있다.

문재인 대통령은 취임사에서 국민통합을 이루겠다고 5차례나 언급하였지만, 극단적 정치 양극화에 의해 국론분열은 역대 최고로 심해졌고, 도덕 불감증이 온 사회로 빠르게 번지고 있어 곧 사회 전반적인 시스템들이 망가질 대위기임에도 국민통합을 위한 정책은 찾아볼 수가 없다. 거꾸로 국가의 주요 임명직 공무원의 대부분을 자기 진영의 인사만 임명하며 정치적 양극화를 더욱 심화시키고 있어, 집권을 도왔던 국민을 배신한 꼴이 되어 버린 것 같다.

필자는 정치나 법률을 전공하지 않은 보통 사람이지만 이러한 국가적 대위기 상황을 대통령과 모든 정치집단이 외면하고 있는 것 같아 '세상의 암울한 역사가 이래서 만들어졌구나' 하는 생각을 하며 나라를 위해 할 수 있는 일을 찾다가 2021년 3월에 우리나라가 처한 정치와 사회의 문제점들 위주로 집필한『보통 사람이 본 대한민국』을 출판하게 되었고, 국민들에게 나라가 처한 위기 상황을 소상히 알리려는 마음으로 이 책을 재차 출간하게 되었다.

독자들은 전문가가 아닌 보통 사람이 상식적이고 직관적으로 느끼는 문제점과 해결방안을 제시하는 게 별 가치가 없을 거로 생각할 수도 있겠지만, 전문가들이 망설이고 있을 때 필자와 같은 보통 사람이 나서서 편견 없이 상식의 눈에서 보고 느끼는 바를 말하는 것도 때로는 참신하고 가치 있는 일이 될 수도 있겠다는 생각으로 용기를 내어 집필하게 되었음을 밝힌다.

하지만 필자는 이 글이 특정 집단이나 특정인을 이롭게 하거나 해롭게 할 목적으로 쓴 글이 전혀 아니고, 국가가 엄청난 위기를 맞고 있는 이 상황에 안타까움을 느껴, 우리 사회 모든 구성원이 양심을 되찾아 자신의 잘못된 점을 돌아보고, 집단이기주의와 개인이기주의에서 과감히 빠져나와 위기의 대한민국을 함께 구해보자는 뜻으로 쓴 글임을 분명히 밝힌다.

필자는 나라가 심각한 위기 상황에 처한 정치 현실을 보면서 국민의 한 사람으로서 너무나 안타까운 마음에 나름 조사도 하고 공부도 하면서 이 글을 썼지만, 전문가나 이해 당사자의 측면에서 보면 일부 기술 내용이 사실과 차이가 있다고 할 수도 있고, 우리나라가 처한 위기 상황을 지나치게 부풀렸다고 생각할 수도 있고, 어떤 현상을 보는 시각이 달라 동의할 수 없다고 생각하는 부분도 있으리라 생각되지만, 이 글은 단지 평범한 대한민국 국민의 한 사람이 현 사회를 보면서 자기 피부로 느낀 바를 솔직히 기술한 한 개인의 표현이라는 점을 이해해 주기 바란다.

필자를 포함한 모든 독자는 우리 사회에서 잘못되고 있는 모든 일을 벌이고 있는 사람들도 모두 우리 국민이므로 잘못되고 있는 일들이 모두 우리 자신일 것이므로 독자들이 이 책을 읽고 "모두가 내 탓이오."라는 인식을 가지며, 풍전등화의 위기에 처한 대한민국을 구출하는 데 동참하여 주기를 간절히 바라며, 이 책을 온 국민에게 바치고 싶은 심정이다.

나와 가족을 위해 헌신하고, 형제자매와 조카들까지 챙기며 집안의 화목에 헌신해 준 중택 씨와 아이들 잘 키우며 성실히 사는 딸 소희, 소영과 사위 태익, 희상 모두에게 고맙다는 말을 전하며, 사랑하는 예쁜 하준, 유나, 여준아. 너희에게 행복한 대한민국을 물려주어야 한다는 책임감에 이 책을 쓰기 시작했단다.

2022. 3.

차 례

제2편
대통령, 국회, 사법부, 언론, 국민에게 바란다

제1편

대한민국을
파멸로
몰고 가는
정치 현상들

제1장

대한민국에
대재앙을 안긴
세월호 사고

세월호 사고의 개요와
사고 처리

사고 개요

세월호 사고는 안산시의 단원고등학교 학생을 포함하여 476명을 탑승시킨 청해진해운 소속의 인천발 제주행 연안 여객선인 세월호가 인천항을 출발하여 제주도로 운항하던 중에 2014년 4월 16일 오전 9시경 진도군 조도면 부근 해상에서 전복되어 침몰한 사고로 탑승자 476명 중 172명은 구조되고, 304명이 사망 및 실종된 대형 선박 침몰 사고다.

세월호는 맹골도와 서거차도 사이를 최고 속도로 진입한 후 지그재그로 운행하다가 8시 49분경에 병풍도 부근에서 다시 급격히 항로를 바꾸며 급선회하면서 거센 조류수역에 침몰한 사고라 한다.

해경은 세월호 선장, 승무원들을 조사한 결과, 침몰 사고의 원인은 무리한 항로변경(변침)으로 잠정 결론 내렸고, 이후

4월 19일 검경합동수사본부에서도 무리한 변침을 침몰 원인으로 잠정 결론 내렸으나, 이후 검경합동수사본부는 수사를 통해 세월호의 침몰 원인은 물살이 유난히 빠른 유역에서 급격한 변침, 선박 증축에 따른 복원성 부족 문제, 최대 적재량의 2~3배에 이르는 화물 과적, 탑승 차량 등 화물의 결박 불량, 선박의 균형을 잡아주는 평형수를 덜 채우고 화물을 더 실은 문제 등에 의한 복합적인 것으로 판단했다고 한다.

필자의 판단으로는 자동차가 고속으로 달리는 중에 급한 핸들 조작하면 전복되듯이 세월호의 주 전복 원인은 급격한 항로 변경이었을 것이며, 그 외에도 전복에 영향을 준 것은 과적, 탑승 차량의 미결박 등의 많은 보조적 원인이 있었을 것이며, 가끔 이상한 사람들이 누군가 의도적으로 침몰 사고를 일으켰다는 주장은 정신질환자가 아닌 이상 누가 그런 끔찍한 사고를 의도적으로 냈겠는가를 생각해 보면 국민도 허무맹랑한 이야기라고 쉽게 판단할 것 같다.

사고 처리 모습

2011년 일본에서는 진도 9.0의 동일본 대지진이 발생해 지진과 거대한 쓰나미로 인하여 18,425명의 사망자와 실종자가 나오고 6,000명이 넘는 부상자가 나왔다. 또한 건물 40만 호가 붕괴 및 파손되었고, 후쿠시마 원전의 엄청난 방사성 물질

누출 사고까지 겹친 끔찍한 재해였다.

우리나라 TV가 보도하던 일본 TV의 뉴스 장면에서, 지진으로 한순간에 가족을 잃은 가족들이 얼마나 많으며 얼마나 슬플 텐데도 TV 인터뷰에서 자신이 슬퍼하는 모습을 보여주면 전 국민이 슬퍼할 것을 배려하였기 때문인지 울며불며 인터뷰하지 않고 슬픔을 참고 삭이는 모습들을 많이 볼 수 있었다. 일본 언론의 지진에 대한 집중 보도 기간도 불과 몇 개월 안 되는 짧은 기간이었던 것으로 기억된다.

그 많은 사망자를 낸 동일본 대지진도 따지고 보면 주원인은 지진이라는 재해였지만, 그 외에 보조적 원인을 찾으면 방조제의 높이도 낮았고, 지진피해 경보가 늦었고, 원전의 설치나 관리를 제대로 하지 못한 점 등 우리나라와 같이 따지면 인재 사고의 많은 요인도 있겠지만, 일본 국민과 언론은 차분히 사고대책에만 전념할 뿐 인재성 요인을 이유로 일본 총리와 내각을 총사퇴시키고 비난하는 일은 없었던 것 같다.

일본 정치인들이 우리나라의 정치문화와 같았다면 세월호 사고 사망자 304명에 비하면 인명, 건물, 시설물 등의 피해의 규모가 비교가 안 될 정도로 큰 피해를 본 재해였으므로 전 언론이 피해를 키운 것은 인재라고 몇 년간은 당시 정부를 비난하고, 총리와 내각 교체는 당연했을 텐데도 그런 일이 없이 차분히 사고를 수습함과 사후 대책을 추진함을 보고 일본사람들의 인간성을 느꼈었다.

하지만 우리나라의 세월호 사고의 경우에는 상식적으로 판단해도 선박이 전복된 주원인은 급격한 항로 변경이었고, 보조적 원인을 구태여 찾으면 대부분의 여객선 운행회사와 유사한 관례대로 여객선의 승무원이 과적, 선적 차량의 고정 부실등 안전관리를 소홀히 했던 요인이 있던 것으로 추정되었다.

하지만 세월호 사고로 어린 학생들이 많이 희생되어 국민이 너무나 안타까워하던 차에 당시 야권에서는 이를 정권교체의 호기로 판단하고 마치 세월호 사고가 당시 대통령의 책임인 것으로 오도하기 시작하였다. 불난 집에 부채질하듯 극렬한 촛불집회를 통하여 분노한 국민과 언론을 부추기며 선동함으로써 세월호 사고 이후 적어도 1년 가까이 신문, TV, 라디오 할 것 없이 오직 뉴스는 세월호 사고 보도로 일색이었고, 결국에는 야당이었던 민주당은 박근혜 대통령에게 국정농단, 포괄적 뇌물죄, 세월호 사고의 무책임 등을 이유로 탄핵에 성공하고 집권하게 되었다.

필자는 어린 생명들을 담보로 집단의 이익과 사익을 취하는데 혈안이 되어 온갖 시위를 하고 결국에는 엄청난 돈을 챙기는 것을 보며 너무나 실망하였고, 특히 정치권에서는 이를 정권교체의 호기로 보고 대규모 촛불집회 등을 개최하며 국민을 오도하며 선동하는 것으로 보면서 너무나 큰 환멸을 느껴, 세월호 사고 이후 코로나 사태 전까지는 아예 신문, TV, 라디오 할 것 없이 모든 뉴스를 보지도 듣지도 않았다.

세월호 사고로 생긴
심각한 국가적 후유증

세월호 사고로 희생된 피해자들을 생각하면 매우 안타까운 일이지만, 냉철히 판단하면, 세월호 사고는 승객을 태운 여객선이 초등항해사의 급격한 항로 변경과 부수적인 원인에 의해 전복하여 침몰한 해상 선박사고일 뿐이다.

당시 민주당을 포함한 야당은 이와 같은 세월호 사고를 정권교체에 이용하기 위하여, 사고의 원인, 사고 시 대처상황, 사고 시 대통령의 행적 등을 집중 부각하고, 박근혜 정부에게 책임을 돌리기 위하여 대규모 촛불집회 등을 개최하면서 자신들이 할 수 있는 모든 에너지를 쏟아서 국민과 언론을 부추기는 선동정치와 사법부까지 부추겨 결국에는 정권교체의 목적까지 이룬 참으로 어이없는 희대의 사건이 되었다.

어쨌든 세월호 사고는 인재 요인도 가미된 사고였고, 전례 없이 많은 희생자가 난 사고였으므로 국민을 선동하여 정권을 잡았다 해도, 집권한 후에는 모든 산업 분야를 대상으로 안전사고 예방 및 방지대책을 마련하여 시행하면서 차분히 일상으로 돌아갔어야 했다.

하지만 집권 내내 세월호 사고에만 집착하여 자신들의 집권에 대한 정당성만 말하고, 눈만 뜨면 세월호, 세월호, 세월호 하면서 8년이 지난 지금까지도 세월호 사고를 우려먹으며 국민을 선동하고 있는 것 같다.

자기 부모가 돌아가시면 3년 상은 고사하고 사십구재도 잘 지내지 않으면서 세월호의 잘못된 사고처리로 인해 우리나라가 대재앙을 맞고 있는 데도 불구하고 세월호로 얼마나 많은 혜택을 받았으면 지금까지 세월호의 리본을 버젓이 달고 다니며 사회적 갈등을 키우고 있는 참으로 어이없는 사람도 너무나 많은 것 같다.

결국 민주당은 박근혜 대통령의 세월호 사고의 부적절한 대처, 인사권 남용에 의한 국정농단, 단돈 만 원도 다른 사람에게 뇌물을 받을 사람이 아닐 것 같은 대통령에게 포괄적 뇌물죄 등을 걸고넘어지는 극렬한 촛불집회 등으로 국민을 선동한 결과, 2017년 제19대 대통령선거에서 정권을 잡는 데 성공하였으며, 2020년 제21대 국회의원선거에서는 쟁점 법안을 단독으로 통과시킬 수 있는 전체 의석수의 3/5 이상을 차지하는 데 성공하였다.

이에 탄력을 받은 민주당은 절대다수의 국회의원 의석수를 이용하여 공직선거법, 공수처법, 중대재해법, 임대차보호법, 각종 세법 등의 야당과 선동정치로 다툼이 있는 쟁점 법안을 야당의 극렬한 반대에도 아랑곳하지 않고, 의회 독재라는 비난을 받으면서 밀어붙이기로 통과시켰다. 이런 이유로 여당과 야당은 함께 국정 파트너로 생각하지도 않는 극한의 대립상황까지 오면서 자연스럽게 양측 지지자들이 그 싸움 속에 휘말리며, 극단적 정치 양극화로 민심이 크게 양분되는 대재앙의 싹이 트게 된 것 같다.

그 외에도 민주당은 자신들을 진보라 하고, 야당을 보수라 하면서 오직 정권 유지에만 몰두한 나머지, 추진하는 대부분의 법과 정책은 국민을 선동하여 선거에서 표를 얻기 위한 것들로 일관하면서 이웃 나라와 갈등, 적폐청산, 환경문제, 안전문제, 청년 일자리 등 국민의 감성을 최대로 선동하는 정책들로 일관하는 것 같았다.

또한 사회 구성원들을 젊은이와 늙은이, 남자와 여자, 기업인과 노동자, 부자와 빈자, 지위가 높은 자와 낮은 자, 임대인과 임차인 등 사회 구성원을 이분법적으로 나누어 계층 간의 갈등을 일으키면서 자신들이 다수의 약자 편임을 부각해 표를 얻으려는 일 등은 국민과 특정 집단을 위하는 것처럼 위장한 선동정치로 인하여 계층 간 갈등이 커져 있고, 극단적 정치 양극화는 심화하고 있다.

그에 더하여 추진하는 대부분의 정책이 사고방지에만 매달리는 안전사고 과민증이라고 말할 정도의 부작용으로 탈원전 정책, 군대 조직에 가장 필수적인 기강 해제, 교권 추락, 중대재해법 등에 의한 기업인의 사기 저하, 다른 나라보다 온실가스의 선제적 감축에 의한 수출품의 가격 상승 등 사회 전 분야에서 근본을 무너트리며, 대한민국의 존망이 우려될 정도의 위기 상황을 맞이하고 있다. 국가의 수출 경쟁력 저하로 경제는 점점 나빠지고 국민의 일자리는 점점 줄어들 텐데도 청년 일자리 타령만 하고 있으니 이것 또한 선동정치일 것이다.

민주당은 국민의힘의 결사반대가 있었던, 고위 공직자와 정치인에게 족쇄를 채울 수 있다는 공수처법과 법을 개정하자마자 위성정당을 만들어 잘못된 법임을 증명했던 공직선거법 개정안을 억지로 통과시켰고, 언론 재갈법이라고 세계 언론들의 지탄을 받던 언론중재법 개정안을 들고 나와, 여야 갈등의 골이 깊어질 대로 깊어져 버렸다.

문재인 대통령은 자신의 취임사에서 "분열과 갈등의 정치도 바꾸겠습니다. 보수-진보 갈등은 끝나야 합니다. 대통령이 직접 나서서 대화하겠습니다. 야당은 국정 운영의 동반자입니다."라고 공언하고도 실제로는 국민이 밀어 준 절대다수의 국회의원 의석수를 악용하여 야당을 국정 운영의 동반자로 인정하지도 않고 의회 독재라는 비난을 받으면서 추진해 온 정책의 대부분이 국민을 선동하는 정책으로 역대 정권에서 유례없는 여야의 극한 대립상황을 만들어 놓았다.

이에 따라 여야의 극한 대립이 지속됨으로써 국민도 자연스럽게 선호 정당별로 편가르기에 휩싸이게 되면서 극단적인 정치 양극화가 일어나게 된 점 등을 감안하면 야당인 국민의힘도 그 책임을 벗어날 수 없다고 생각된다.

야당인 국민의힘은 쟁점 법안마다 여당을 논리적으로 설득하지 못하고 반대를 위한 반대로 일관하였고, 문재인 정부가 K-방역이라 불릴 정도로 코로나 발생 시 초기 대처를 잘하여 다른 나라에 비해 확진자 수도 적고, 사망률도 낮도록 잘 대처하였음에도 잘하는 일을 잘한다고 하지 않고 발목을 붙잡았으며, 장관 등의 인사청문회에서 우리나라 대부분의 사람이 잘못을 저지르는 사소한 잘못이 있는 인사에게조차 청문 반대로 집권당의 발목을 잡으면서 보수층 결집이라는 명제를 걸고 국민을 선동하여 국민의 편가르기를 조장하였던 측면이 있었으므로 극단적 정치 양극화로 몰고 간 조력자의 책임을 면할 수는 없을 것이다.

과거에는 여당과 야당이 때에 따라 극렬히 대립하였어도 결국에는 집권당과 야당의 타협으로 국정 수행이 큰 문제 없이 진행됐는데 세월호 사고 이후 이러한 민주당의 선동성 정책 독주로 인하여 극단적 정치 양극화로 국론이 크게 분열되었다. 사회적 혼란이 이제는 봉합할 수 없는 지경까지 와 있어 정계 개편이든 어떠한 대안이 없으면 양대 집단의 대립은 더욱 심화할 것으로 생각된다.

세월호 사고의 안타까운 희생자들을 볼모로 국민을 극도로 선동한 결과, 민주당은 정권을 잡는 횡재를 하였고, 어떤 사람들은 돈을 횡재한 사실을 국민이 잘 알고 있으며, 이처럼 정당하지 않은 수단과 방법으로 집단이익과 사익을 얻은 사례들을 지켜본 국민까지 집단이기주의와 도덕 불감증에 빠지면서 도덕 불감증이 사회 온갖 분야로 전파되고 있는 것 같다.

사회적으로 모범을 보여야 할 국회의원 등의 정치인과 정부에서 임명하는 고위직 공무원의 도덕 불감증이 일반 국민보다 더욱 심하여 문제되고 있다. 이는 민주당이 호남지역에서 국회의원과 지자체장을 공천만 하면 선거할 필요도 없이 당선되기 때문에, 도덕성이나 능력보다도 당이나 지역구 국회의원에 대한 충성도가 기준이 될 수밖에 없는 구조적 모순을 가지고 있는 등 선출직 정치인과 대통령이나 장관이 임명하는 임명직 공무원에 대한 인사 제도상의 구조적 문제점으로 인해 발생하는 부작용이 아닌가도 생각된다.

제20대 대통령선거에서 부도덕한 사회 분위기와 선동정치가 결합한 대표적인 형태로 나타난 대통령 후보자들의 선거 포퓰리즘과 같이 한 번만 더 대통령선거를 치르게 되면 국가의 재정이 비효율적인 분야와 형평성도 없는 분야에 계속 투자되어 파탄이 날 정도가 되어 버린 것도 결국에는 세월호 사고 이후 정치집단의 부도덕에서 나오는 현상이라 할 것이다.

세월호 사고를 선동정치에 이용함으로써 집권을 하게 되고 국회에서 절대다수의 의석을 차지하면서 생긴 권력을 정당하게 사용하지 않음으로써 파생된 극단적 정치 양극화에 의한 국론 분열, 집단이기주의와 개인이기주의의 확산, 감당할 수 없는 대통령선거에서의 선거 포퓰리즘 등으로 대한민국은 풍전등화의 파국 위기에 몰려 있다.

필자가 보기에는 이런 일들은 단지 시작에 불과하다고 생각하며, 향후 국회의 절대다수 의석을 가진 야당과 소수 의석을 가진 대통령이 속한 여당이 2년간 벌일 극한 대립 때문에 정쟁은 더욱 극한으로 치달을 것이 눈에 선하다.

선동정치에 제대로 맛을 본 정치권이 여차하면 대규모 군중집회를 열면서 국민을 또다시 선동하여 국론 분열을 더욱 심화시킬 것이며, 여당이 추진하던 종전 협상에 극심한 반대를 보이던 보수층 국민 간의 대립도 예상되어 대한민국은 자칫 내전으로 세월호와 같이 함께 침몰할 큰 위기를 맞고 있다고 할 수 있겠다.

이제라도 그동안 나라를 이 지경까지 몰고 온 정치인, 법조인, 국회의원이 정신을 가다듬고 양심을 회복하여 국가로부터 받는 막대한 급여와 사무실 운영비 등을 오직 자기 집단과 개인 이익을 위한 일에 사용할 게 아니라 진정 국가와 국민을 위해 사용하는 길만이 국가를 파멸시킨 매국노를 면하는 길임을 깨달아야 할 것 같다.

우리나라 국민도 정치인이 내 친척, 내 친구, 내 이웃일 수 있으며 바로 우리 자신일 수 있으므로 그 잘못을 모두 정치인에게 돌릴 일만은 아니다. 그들의 선동에 넘어가 국민 대다수가 세월호 사고 당시 박근혜 대통령과 정부를 비난하였으며, 제21대 국회의원선거에서 민주당에 절대다수 의석수를 밀어주었기 때문에 이러한 대재앙을 맞게 되었음을 반성하고, 앞으로는 냉철히 판단하여 정치인들이 벌이는 선동정치에 더는 놀아나지 않도록 정신을 차려야 할 때인 것 같다.

대부분 독재를 경험한 나라는 사회불안 시기에 선동을 잘하는 부도덕한 정치인의 꾐에 빠져 선거에서 그들을 선출하였기 때문에 국가에 엄청난 피해를 준 경우가 많았다고 한다. 우리나라도 사회 불안이 극심한 지금이 부도덕한 정치인 등이 나서서 국민을 별별 방법을 다 동원하여 선동하고 선거 포퓰리즘을 쏟아내어 당선될 적기라고 보여 향후 대통령 등 정치인을 선출하는 선거에서는 가장 중요한 덕목을 도덕성으로 삼아야 할 것 같다.

아무리 말을 잘하는 똑똑한 정치인이더라도 과거 사생활이 문란하였거나 비리 등 전과가 있거나, 지방자치단체장 등 공직 시절에 독재자처럼 군림한 경험이 있는 등의 도덕성이 결여된 정치인에게 표를 주어 당선시킨다면 그 명석한 머리에 국가에서 주는 엄청난 급여와 많은 보좌관과 사무실 운영비 등을 자기 집단이나 사익을 위해 사용함으로써 국가에 막대한 피해를 주는 행동을 할 것이므로 도덕성이 확인되지 않은 정치인은 절대 선택하지 말아야 할 것이다.

검찰과 사법부는 국가의 정의를 지키는 마지막 보루이므로 아무리 정치인이 자기 집단의 이익을 위해 선동정치로 공작하더라도 검찰과 사법부의 양심이 바르게 서 있다면 결국에는 나라의 정의를 지킬 수 있겠지만, 세월호 사고나 박근혜 대통령의 탄핵을 경험으로 보더라도 사법부조차 쉽게 선동정치에 넘어가면 지금과 같이 나라가 대혼란에 빠질 수밖에 없을 것이란 생각이 든다.

지금에서야 하나씩 드러나지만, 당시 중요한 사건을 맡았던 특별 검사가 특정 진영에 편중된 인사였고 비리 의혹이 있으며, 사법부 수장 격인 대법원장, 헌법재판소장, 대법관, 헌법재판소의 재판관 등도 마찬가지로 특정 진영과 편중된 인사가 많이 있었고, 비리 의혹마저 나타나고 있으니, 지금 우리나라에서 일어나고 있는 대혼란이 어떻게 무관하다고 말할 수 있을까 의구심이 든다.

아무리 큰 군중 집회라 하더라도 거기에 모이거나 호응하는 군중들은 군중심리를 이용하기 위하여 주관자들이 짜 놓은 각본대로 군중 집회는 따라가게 되어 있어 군중 집회의 논리가 반드시 정의가 아닌 것으로 알려져 있는데도, 우리 사회의 정의를 지키기 위해 가장 양심적이어야 할 사법부의 법관들이 집단이기주의에 편승하고 비리에 빠져 오직 대규모 군중집회의 논리가 모두 정의인 것처럼 판결한다면 그 사회의 미래는 없다고 보아야 할 것이다.

정치에 관심도 없었고 정치나 법률을 공부하지도 않은 필자와 같은 필부(匹夫)도 국가의 안위가 절실하여 이런 책까지 쓰게 된 지금의 국가 위기 상황을 대통령과 정치인, 국회의원, 사법부의 재판관, 언론 등 각계각층의 지도자도 제대로 깨달아 주기를 간절히 바란다.

그동안 우리 국민은 숱한 선동정치를 겪으면서 이제는 정치권에서 추진하는 정책이 자기 집단을 위한 선동정책인지 아니면 진정 국가와 국민을 위한 정책인지를 구별할 줄 아는 식견이 생겼을 것이므로 다시는 위정자의 선동정치에 넘어가는 일이 없도록 각별히 조심해야 할 것 같다.

모든 사회 현상이 그렇듯 잘못된 과정(process)으로 진행되는 일은 구조적으로 잘못된 결과를 낳을 수밖에 없음을 세월호 사고로 집권한 문재인 대통령과 민주당 정권의 집권 기간에 우리나라가 최악의 위기 상황을 맞고 있음이 증명하고 있다. 향후 국가에 아무리 큰 위기가 생겨도 우리나라의 각계각층 조직은 냉정을 찾아 세월호 사고와 같이 잘못된 프로세스로 진행되지 않도록 각별한 노력을 기울여야 할 것 같다.

제2장

양극화로
완전히 갈라진
대한민국

정치적 양극화에 의한
편가르기로 망해가는 나라

우리나라는 과거부터 호남지역을 기반으로 하는 정당과 경상도 지역을 기반으로 하는 정당 간의 정치적 양극화는 있었지만, 지금과 같이 국가의 존망이 위협받는 정도의 정치적 양극화는 아니었으므로 상호 견제와 대립 속에서도 국민을 위한 법과 정책이 착실히 추진됐다.

정치적으로 갈린 두 개의 정당과 그를 지지하는 국민이 민주주의의 문화와 매너에 의해 상호 존중과 타협에 의한 정책 대결이라는 전제하에 각 정당이 추구하는 가치를 지지자들이 공유하면서 집단을 형성하는 정치적 양극화는 민주주의에서 나타나는 자연스럽고 바람직한 현상이라 할 것이다.

하지만, 세월호 사고 이후 소위 호남지역을 기반으로 하는 민주당이 주도하는 진보와 영남지역을 기반으로 하는 제1야당인 국민의 힘이 주도하는 보수라는 파벌이 만들어져 모든 정책에서 상호 반대만을 위한 반대를 하면서 정당 간의 협치는 이미 물을 건너간 지 오래고, 정치권과 국민이 양편으로 갈려서 서로 적대감을 가지고 대결의 기회가 있는 곳에서는 때를 안 가리고 상대방을 공격하여 국가를 파국으로 치닫게 만드는 극단적 정치적 양극화가 문제다.

진보와 보수로 갈린 양대 정치집단의 지지자들이 군중 집회와 소셜미디어, 인터넷 댓글, 청와대 국민청원 등의 온라인 환경에서 기회만 있으면 집단이 기대하는 바대로 생각이나 행동을 바꾸는 동조(coformity)가 일어나, 시간과 장소를 가리지 않고 양대 집단 간의 갈등을 더욱 키우면서 국론분열을 일으키고 있다.

세월호 사고로 집권한 문재인 대통령과 민주당 정권은 세월호 사고의 여파를 잘 이용하여 2016년 4월 제20대 국회의원 선거에서 여당만으로도 주요 쟁점 법안을 통과시킬 수 있는 압도적 다수 의석수를 확보하게 되었다.

문재인 대통령과 민주당 정권은 집권의 행운에 도취하여 재집권 생각뿐이라 그런지 추진하는 정책이 온통 국민의 감성을 자극하거나 사회 구성원을 이분법적으로 나누어 계층 간 갈등을 지속해서 부추겨 다수인 사회적 약자 편임을 부각하는 선동정치에 매달려 있는 것 같았다.

국민 감성을 자극하여 선동하는 정책을 보면 과거 침략당하여 36년간 수모를 겪었던 일본에 관한 사례를 계속 부각해 자신들만 애국하는 것처럼 국민을 부추기거나 우리나라가 세계적으로 유례없는 경제적 발전의 기틀을 마련한 박정희 대통령의 공적을 허물기 위한 지속적 폄하 작업으로 역사를 왜곡하거나 적폐 청산이라는 명분으로 과거 자신들의 반대편 인사의 잘못을 억지로라도 들추어 기소함으로써 국민의 감성을 자극하거나 그 외에도 환경문제, 안전 문제 등 국민의 감성을 자극할 수 있는 사회 문제를 과도하게 부추겨 국민에게 인기 영합하려는 선동정책으로 생각한다.

계층 간 갈등 조성으로 반사이익을 챙기려는 정책들로는 젊은이와 늙은이, 남자와 여자, 기업인과 노동자, 많이 가진 자와 적게 가진 자, 지위가 높은 자와 낮은 자, 재벌과 중소기업인, 임대인과 임차인 등 사회 구성원을 이분법적으로 나누어 계층 간의 갈등을 일으키게 하면서 자신들이 다수 약자 편임을 부각하는 인기 영합적 정책일 것이다.

이와 같은 극렬 진보집단의 선동정책에 대한 반사적 대응으로 온건 보수 집단마저 국민 편가르기에 함께 빠져들게 되면서 양대 정치집단의 지지자 간의 집단극화 현상(group polarization) 등에 의해 시간이 지나면서 점점 자기편과 상대편의 주장을 보는 시각이 극단적으로 치우치게 되어 더욱 극단화되어 왔다.

군중 집회, 소셜미디어, 인터넷 댓글, 청와대 국민청원 등의 오프라인이든 온라인 환경이든 크게 양측으로 나뉜 지지자들이 이성을 잃고, 자신이 지지하는 정당의 주장만을 선으로 간주하고 상대 집단을 무작정 공격하는 일이 일상화되고 있어, 우리나라는 정치적 양극화된 세력과 그 지지자 간의 대립이 점점 극단으로 치달아 국론이 매우 분열된 상태이다.

양대 정치집단은 점점 강성으로 치달으면서 양대 집단이 건전한 경쟁과 타협에 의한 민주주의의 문화와 매너는 사라지고, 마치 자아도취적인 집단적 나르시시즘(collective narcissism)에 빠진 것처럼 자기편 주장만 절대적 정의이며 선으로 간주하고 상대 집단을 말살하려는 극단적 대립의 정치만이 있는 것 같았다.

미국의 트럼프 전 대통령은 마스크 착용 등 각종 과학적 방역을 거부하여 정권 이양 시기에 이미 제2차 세계대전의 군인 사망자 40만 5천 명보다도 많은 국민이 코로나로 죽게 되었고, 거짓말을 잘하고, 상대편 비방을 잘한다고 하는데도 국민을 잘 선동하면서 미국 국민을 심각한 정치적 양극화로 편가르기를 일으킨 대통령이라 한다.

트럼프 대통령의 선동정치로 인하여 역대 최대의 극단적 정치 양극화로 국론이 분열되어 있던 미국도 2020년 대통령선거에서 불과 4.5%의 근소한 차이로 바이든 대통령이 당선되었듯이, 우리나라는 제20대 대통령선거에서 불과 0.8% 차이로 윤석열 대통령이 당선된 바와 같이 미국보다 더욱 심하게 양분된 국론분열을 반증하는 것으로 생각되며, 향후 엄청난 국가 위기를 예고하고 있는 것 같다.

　우리나라는 제2차 세계대전에서 일본이 패전한 이후 전후 문제 처리를 위해 1945년 모스크바에서 열린 미국, 영국, 소련의 3개국이 합의한 모스크바 3상 회의에서 38선 분할 점령 의도가 있었던 소련 측의 주장으로 한국 임시정부와의 협의를 거쳐 5년 이내 신탁통치로 결정되었으나, 충칭 임시정부의 추대를 주장하며 신탁통치를 반대하던 한국독립당·한국민주당 등의 우익세력과 신탁통치를 찬성하던 조선인민당, 조선공산당 등의 좌익세력으로 갈라졌기 때문에 결국에는 남북분단의 신탁통치를 받아들일 수밖에 없었던 역사가 있듯이, 지역적 양극화가 얼마나 큰 위기를 만드는지 알면서도 역사교육만 강조할 뿐 정작 역사의 교훈을 실천하지는 않는 것 같아 안타까움이 크다.

　우크라이나는 옛 소련 해체 후 핵무기 강국이었지만 서방국들의 꼬임에 당해 1994년 러시아, 영국, 미국과 함께 벨라루스, 카자흐스탄, 우크라이나의 6개국이 참여하여 체결한 우크라이나가 핵무기를 폐기하면 영토보장, 주권 보장, 경제지원 등을 하겠다는 "부다페스트 양해각서"라는 종이쪽지를 믿고 핵무기를 모두 폐기하였는데, 우크라이나의 동서지역 갈등으로 정치가 불안한 틈을 타 러시아가 영토 확장의 욕심으로 자국이 참여하여 작성한 각서조차 위반한 채 여러 핑계를 대며 침략하여 절체절명의 위기에 처했는데, 우리나라도 우크라이나와 같이 "판문점 선언"이란 종이쪽지를 믿고 종전 선언, 주한미군 철수 등을 주장하는 정치집단들과 그 반대 집단 간 국론분열을 키우고 있다.

이미 회복하기 불가능할 정도로 극단적 정치 양극화로 이제는 양대 정치집단은 반대를 위한 반대가 일상화되어 있어, 산업의 활성화에 따른 국가 경제력을 전반적으로 키워 국민 고용 창출과 함께 생활 수준을 향상할 수 있는 정상적인 정책을 만드는 일은 추진할 동력이 아예 없어 보인다.

우리 사회에 깊이 뿌리내려가는 극단적 정치 양극화를 지금 막지 못한다면, 지금 시대에 사는 우리는 국가의 기본적인 시스템을 모두 망가트리게 되어, 조선시대의 사색당파보다 더욱 심한 파벌싸움으로 나라를 완전히 망가트려 후진국으로 전락한 나라를 후손들에게 물려준 역사의 죄인이 되는 것도 정치집단은 두렵지 않은 모양이다.

남한과 북한은 서로 포용하고 동화될 수 있는 동일한 정치체제가 아니라 서로 포용할 수 없이 극단으로 다른 정치체제로 자유민주주의 체제를 가진 남한과 1인 및 1당 독재체제를 가진 북한이 엄청난 화력을 앞세워 지역적으로 대치하고 있으므로 상호 힘의 균형이 맞지 않을 때는 언제든 전쟁이 일어날 수 있는 위험한 상태이다.

이번 제20대 대통령선거에서 대통령 후보자들의 선거공약을 보더라도 오직 군인의 표를 얻는 데 급급하여 국가안보나 국가의 경제는 뒷전인 채 오직 병사들의 급여 인상, 전역 지원금의 지급, 휴대전화 지급 등 선동정치의 일환인 선거 포퓰리즘만 쏟아내니, 참으로 안타까운 현실을 마주하고 있었다.

지금과 같은 분위기라면 향후 정치권에서는 서로 상대의 정책을 걸고넘어지면서 과거에 그랬던 것처럼 군중심리를 이용하여 자기편을 늘리려는 선동정치로 대규모 군중 집회를 열 것이며, 여기에 언론과 사법부마저 가세하여 더욱더 양극화를 심화시킬 것이 뻔해 보인다.

우리나라 사법부와 언론은 나중에는 해프닝으로 끝이 난 미국 소고기 파동 때 일어났던 대규모 촛불집회나 세월호 사고에 따른 대규모 촛불집회에 의한 비정상적인 정권교체 후유증으로 우리나라가 현재 겪고 있는 파멸 위기를 돌이켜 보고, 대규모 군중 몰이 집회의 논리가 얼마나 허구적이었는지 필자와 같은 범부도 아는 일을 제발 깨달아 주었으면 하는 마음이 간절하다.

이렇게 우리 대한민국이 위험한 지경에 처해 있음을 양대 정치집단과 지지자들은 확실히 깨닫고 집단이기심을 버리고 진정 양심을 찾아 국가를 위해 어떻게 처신해야 하는지를 고심하고, 선거가 필요 없을 정도의 비민주적인 지역주의에 빠지지 말고 제발 이성을 찾아야 할 것이다.

미국과 같이 양당제인 나라는 당연히 정치적 양극화가 일어날 수밖에 없는 구조일 것이며, 우리나라와 같이 다당제에서도 제왕적 권한을 가진 대통령을 서로 해 보겠다고 피 터지게 싸우다 보면 자연스럽게 여당과 제1야당 간에 극단적 정치 양극화가 일어날 수밖에 없는 구조로 생각되며, 작금에 와서 그 일이 현실화하였다고 생각된다.

새로 탄생한 윤석열 정부는 제왕적 대통령제의 정치 구조는 이러한 극단적 정치 양극화가 일어나지 않음이 오히려 이상한 체제임을 깨닫고, 일부 독재 성향을 지닌 사람들이 주장하는 대통령의 책임 강화라는 그럴듯한 선동에 넘어가 오히려 대통령의 권한을 더욱 강화하려는 중임제 등의 획책을 반드시 막아야 한다.

국회의 다수당이 우리나라의 대통령에 해당하는 수상 또는 총리를 간접선거로 뽑고 국민의 신망을 잃으면 언제든 우리나라와 같이 피 터지는 경쟁에 의한 직접선거를 하지 않고도 국회에서 다수당이 손쉽게 적임자를 다시 선출하는 의원내각제의 채택만이 우리나라를 구하는 길임을 반드시 깨달았으면 좋겠다.

양극화를 키우는
집단극화의 심리 현상

집단극화(group polarization)는 집단의 의사결정이 구성원 개개인의 평균치보다 극단으로 치우치게 되는 현상으로, 1961년에 제임스 스토너가 제창하였으며, 집단 내의 토론 과정에서 구성원이 더 극단적 주장을 지지하게 되어, 구성원 개개인의 의사를 평균한 것보다 훨씬 극단적으로 치우친 결론에 이르게 되는 사회심리 현상이다.

개인으로서는 위험 부담을 느껴 주장할 수 없는 것까지도 집단이 되면 그 부담을 온전히 다 혼자 짊어지지 않아도 되므로 더욱 과격한 주장을 할 수 있게 되기 때문에 모험적인 주장에 동조가 일어나게 되어 집단극화가 나타난다고 한다.

집단극화 현상은 정치적 논쟁에서 쉽게 발생할 수 있는데, 진보적 사람들이 토론하면 극단적인 진보적 견해가 주목을 받아 모험적으로 변화하는 모험 이행 현상(risky shift)이 나타나고, 보수적인 사람들이 토론하면 더욱 보수적으로 변화하는 보수이행 현상(cautious shift)이 나타나며, 집단극화 현상은 소셜미디어 등의 온라인 환경에 의해서도 더욱 강화된다고 한다.

인터넷 여론의 집단극화 현상은 익명성을 전제로 이뤄지는 소통 과정에서 자신의 견해에 부합하는 정보만을 선별하고 수용하여 자기주장을 강화하는 현상이 나타나, 개인의 정체성은 숨은 채 집단의 정체성이 두드러지면서 적대적 집단 사이에 양극화 현상이 심화하여 나타난다고 한다.

집단극화를 거쳐 받아들여진 신념은 개인의 정체성을 형성하는 요소가 되어, 개인의 태도 역시 극화시켜 기존의 믿음이나 성향을 더욱 강화하고, 점차 사고가 과격하게 되어 특정한 누군가를 공격하는 등의 사건까지도 일어날 수가 있다고 한다.

이렇게 집단극화로 형성된 집단 내의 극단적 주장은 반대측과 격렬한 갈등을 일으키기도 하고, 극단적 정치 양극화 현상을 심화할 수 있어 집단극화가 일어나는 나라에선 민주주의란 좋은 제도가 아니라고까지 말하는 사람들이 있다고 한다.

집단극화의 정치는 광적인 지지자를 통해 전달되고 극대화되기 때문에 사회적인 이슈가 드러나거나 선거철이 되면 사회는 극도로 집단 극화 현상을 겪는다고 하는데 제20대 대통령 선거를 보면서 충분히 수긍이 가는 현상인 것 같다.

자신과 비슷한 의견을 가진 사람들이 있는 집단에 소속감과 애착을 느끼게 되면서 집단극화 현상이 더욱 심화하여 사람들이 자기가 바보가 된 줄도 모르고, 자기 집단이 이기면 무조건 옳은 줄 알아 해괴한 짓을 저지르기도 하며, 극단주의자는 사물을 그대로 파악하기보다는 자신들의 믿음에 맞도록 재구성하기 때문에 정치적 갈등은 더욱 심화하고, 모든 정책 결정 과정에서 타협이 없이 자신들의 생각하는 방향대로 무조건 밀어붙이는 일방통행식으로 일관할 수 있다고 한다.

　응집력 있는 집단의 의사결정이 조직원 각자의 목표나 생각, 가치가 반영되지 못하고, 하나의 동일한 방향성을 가지게 되는 경향을 집단사고(group think)라 말하는데, 집단이 집단사고의 과정을 거치게 되면 집단극화가 일어날 위험이 커지게 되고, 집단극화가 일어나는 집단은 더욱 내외부의 다른 견해를 용인하지 않는 집단사고의 경향이 더욱 강화되어, 외부에 대해 폐쇄적일 수 있고, 올바른 정보를 충분히 숙고하지 못하며 비합리적이고 재앙적인 의사결정을 할 수 있다고 한다.

　역사적으로 보았을 때 이러한 극단적 주장이 집단 내에서 주도권을 잡게 되면 객관적 상황 판단을 하지 못하고 잘못된 결정을 내릴 수 있어, 나치와 같이 무자비한 정권을 만들어 낼 수도 있다고 한다.

　우리나라는 세월호 사고 이후 자칭 진보라 부르는 민주당과 보수라는 허울 좋은 국민의힘과 그 지지자들은 세월이 흐를수록 집단극화의 영향에 의해 점점 극단으로 치닫게 된다는 사실을 깨닫고, 집단극화 현상을 완화하기 위한 방편이라는 자체 회의 시 아래와 같이 반대를 위한 반대(devil's advocacy), 복수 주장의 지지(multiple advocacy), 변증법적 토의(dialectical inquiry) 등을 활용했으면 좋겠다.

- 🔴 반대를 위한 반대(devil's advocacy) : 회의 진행 중 한두 사람을 시종일관 반대하는 악역으로 설정하여 집단의 결정이 극화되는 것을 막는 방법이다.
- 🔴 복수 주장의 지지(multiple advocacy) : 여러 의견에 대한 복수 주장의 지지를 인정하여, 의견의 다양화를 가능케 하는 의사결정 기법이다.
- 🔴 변증법적 토의(dialectical inquiry) : 정반합의 변증법적 토의 과정을 거치는 것으로, 찬성과 반대로 구성원을 나누어 각각의 견해를 듣고 토론을 한 후에 두 입장의 장점만을 취하는 토의 방법이다.

양극화로 발생하는
집단적 나르시시즘

나르시시즘(Narcissism)이란 우리말로 자기애(自己愛, self-love)라 하며, 정신분석학적 용어로, 자기 외모, 능력과 같은 어떠한 이유를 들어 지나치게 자기 자신이 뛰어나다고 믿거나, 자기 자신에게 애착을 느끼는 자기중심성 성격 또는 행동을 말한다.

　이 단어의 유래는 물에 비친 자기 모습에 반해서 물에 빠져 죽었다는 그리스 신화에 나오는 나르키소스의 이름을 따서 독일의 네케가 만든 용어라 한다.

　자기 자신이 남보다 잘나거나 잘하는 점이 있으면 극도로 자신에 대한 과시와 자긍심에 넘쳐나지만 남보다 열등하거나 뒤처진 점이 있으면 지나치게 풀이 죽거나 자기 비하를 하여, 협동이나 팀워크에 잘 적응하지 못하는 모습을 보이며, 타인의 처지나 입장을 고려하지 않고 자기중심적으로 세상을 관찰하고 타인을 재단하려는 모습을 보인다고 한다.

나르시시즘은 정상적 자기애와 병적 자기애가 있어, 자기 사랑이 지나치면 세상과 타인으로 향하는 마음의 문을 굳게 잠그는 병적 자기애로 발전하여, 프로이트는 이런 나르시시즘을 인격 장애의 하나로 판단했다고 한다.

개인적인 나르시시즘보다 집단적 나르시시즘(collective narcissism)이 훨씬 강도가 높으며, 자아도취적인 집단은 본인만이 선량하고 사회의 정의를 추구하며, 윤리적이고 도덕적으로 우수함을 과시하고, 타인은 자신과 비교하여 그러하지 못함을 비하하며 차별화하고, 다른 집단의 사람이 자신을 비판하면, 분노로서 공격성과 폭력성을 동반할 수도 있다고 한다.

집단적 나르시시즘은 집단 내 응집력 안에서 편안함을 느끼고, 자신이 속한 그룹이 특별하고 위대하다는 인식으로 자신의 집단에 자부심을 느끼고, 다른 집단보다 우월하다는 것을 항상 보여주려 노력하고, 자신에 대한 비판을 참지 못하며, 집단의 이익에 반하는 세력의 존재에 대해 과장된 위협을 느끼고, 집단에 대한 공격이 곧 자기 자신에 대한 공격으로 받아들여 상대 집단에 대한 복수심을 드러낸다고 한다.

정치가에 의해 조작되거나 선동되기 일쑤인 이런 집단적 나르시시즘은 극단적인 배타와 광신, 증오를 낳고 자신의 의견에 동조하지 않는 사람을 말살하려는 광증을 낳는다고 한다.

우리나라가 그동안 여당이었던 민주당이 법과 정책을 추진하는 데 대부분을 야당인 국민의힘과 타협하지 않고 밀어붙이기식 일변도로 간 것들이 혹여 병적인 집단적 나르시시즘에 빠져, 자기편의 주장은 절대적 정의이며 선이고, 반대하는 세력은 모두가 불의이며 악이라고 착각에 빠진 것은 아니었는지 생각해 보아야 한다.

독일의 심리학자 에릭 프롬은 집단적 나르시시즘의 위험을 "이성(理性)을 잠재우는 치명적인 독약"이라 말했다고 하니, 새로 집권하는 국민의힘도 자신들의 행동을 진정으로 돌아보면서 과거 민주당과 같이 집단적 나르시시즘에 빠지지 않도록 진력해야 할 것이다.

국민을 편가리기에
끌어들이는 군중 집회

군중심리(herd mentality)란 군중이 집단적 정신상태가 되면 개인의 개성은 사라지고 동질화되면서 비이성적이고 충동적으로 되어 단순한 구호나 암시에도 쉽게 영향을 받아 그 암시가 빠르게 전파되어 자제력을 잃고 리더의 언동에 따라 행동하는 일시적이고 특수한 심리 상태라 한다.

어떤 목적을 가진 다수가 모여 북소리나 구호, 응원가, 함성, 박수 등으로 몸과 마음을 흥분시키면서 집단 군중 상태가 되면 개인이 모인 거지만 개개인의 모습과는 다른 집단특성을 갖는데, 개인의 이성적 사고력은 군중 속에서 사라지며 집단화된 군중심리가 지배하게 된다.

아무리 지적 훈련 받은 지식인이라도 일단 집단정신의 군중에 사로잡히게 되면 지적 능력은 약해지고 그들의 개성도 약해지므로 집단정신의 행동은 이성보다 감정적인 행동이다.

군중 속 개인은 집단 내에서 주변 영향을 받아 다수를 따르는 편이 이익이 된다는 생각으로 다른 사람들이 많이 선택한 것을 따라서 하므로 유행하는 상품을 큰 고민 없이 구매하는 것처럼 일종의 모방심리이기도 하다.

군중심리로 서커스 행렬의 선두에 선 악대차를 따라가듯이 대세를 따르는 행위를 밴드왜건 효과(편승 효과)라 하며 이런 현상은 합리적인 선택과는 거리가 있으므로 잘못된 선택을 할 수도 있다.

상황에 따라 군중심리는 매우 강력하게 작용할 수 있으며, 평소 개인의 생각과 전혀 다른 선택을 하거나, 눈에 보이는 명백한 사실을 부정하게 만들기도 하고, 다른 사람(집단)의 반대 의견을 수락하지 않는 경향이 있을 수도 있다.

2008년 미국산 쇠고기를 수입하는 협상이 체결되면서 광우병 논란을 키우기 위해 촛불을 든 군중 집회로 많은 지성인조차 동조하면서 엄청난 사회적 파문을 일으켰지만, 나중에는 근거가 없는 해프닝으로 끝났던 일이 있었다.

우리나라는 정치권에서 벌여온 촛불집회, 태극기집회 등은 군중심리를 이용하여 국민을 선동할 목적으로 여는 불건전한 집회이지만 국가나 지방자치단체에서는 민주주의 특성상 헌법에 보장된 집회·결사의 자유를 무조건 막을 수도 없을 것 같다.

나치 독일의 히틀러가 군중 집회를 열어 계획적이고 의도적으로 군중심리를 이용한 군중 집회를 자주 열어 자신의 사상을 국민에게 쉽게 주입하고 전파하여 나치즘과 군국주의를 일으킬 수 있었고, 제2차 세계대전을 일으켰으며, 유대인을 학살할 수 있었다고 한다.

작금의 비양심적 정치집단의 성향으로 볼 때 우리나라는 정권이 바뀔 때마다 이슈를 만들어 군중심리를 이용하여 국민을 선동하기 위한 대규모 집단집회가 필연적으로 열릴 것이며, 여기에 일부 사법부 재판관들까지 양심을 팔며 선호 정치집단의 편을 들어 군중 집회의 부당함을 끊어주지 못함으로써 계속되는 사회 불안을 피할 수 없을 것 같고 정치 양극화는 점점 더 심화되어 갈 것이 뻔해 보인다.

제발 국가의 정의를 지키는 마지막 보루인 사법부는 양심을 회복하여 정치집단이 법으로 하면 지는 일을 억지로 성취하기 위하여 폭력에 가까운 대규모 군중 집회를 개최하며 국민을 선동하는 데 휩쓸려 군중심리를 이용한 군중 집회로 변형되고 왜곡된 논리가 옳다고 편을 들어주어 국가 위기를 또다시 만든다면 분명 역사가 자신들을 매국노로 심판할 것이란 점을 분명히 알아야 할 것 같다.

우리 국민은 세월호 사고로 희생된 많은 어린 학생들에 대한 안타까운 마음으로 민주당 정권에서 벌인 촛불집회 등의 선동정치에 동요되어, 박근혜 대통령의 탄핵, 제19대 대통령 선거에서 민주당 지지, 2020년 제21대 국회의원선거에서 절대다수의 의석수를 밀어주었지만 그러한 결과로 우리나라가 심각한 위기 상황에 처하게 될 줄은 몰랐을 것이다.

이제 우리 국민도 숱한 선동정치를 겪었으니, 향후 정치권에서 여는 군중 집회의 내면적인 진짜 목적을 판별할 수 있는 안목이 생겼을 것이므로 선동정치를 부활하는 집단적 정치집회에 참석하지도 말고, 지원하지도 말며, 사건을 냉철히 판단하여 참정권 행사로서 국가가 올바른 방향으로 가게 하는 것에만 집중할 때인 것으로 보인다.

양극화를 심화시키는
청와대 국민청원

청와대 국민청원은 도입 목적이 청와대가 국민과 직접적 소통하기 위한 매우 건전하고 진취적인 제도로 출발하였고, 국민청원 게시판을 개편하면서 욕설·비방·중복 등 부적절한 청원 노출을 차단하기 위해 30일 이내에 100명 이상 사전 동의를 받은 게시물만 청원 게시판에 공개하고 있으며, 청원에 30일 동안 20만 명 이상의 동의 서명이 모이면 정부 관계자의 공식 답변을 30일 이내에 들을 수 있도록 했다고 한다.

　아무리 좋은 제도라도 그것을 운용하는 구성원의 의도가 좋아야 성공할 수 있을 것인데, 청와대 국민청원 게시판을 방문해 보니 게시판 글의 내용 중 미래, 성장 동력, 행정, 인권 등의 주제는 동의자들 수가 적어 관심을 받지 못하고 있었으나, 정치적인 이슈들에 대해서는 유사하거나 동일한 이슈를 찬성과 반대의 논리로 만들어 자기 집단의 세 불리기라도 하듯 일반적인 주제와 비교할 수 없이 동의자를 끌어모으고 있음을 느꼈다.

근래 우리나라 국민이 극단적 정치 양극화로 집단이기주의 가 점점 극단으로 치닫고 있어서인지 작금의 청와대 국민청원 의 내용별 동의인 숫자를 보면서 우리 사회의 정치 양극화가 얼마나 심해졌는지를 실감할 수 있게 된다.

청와대 국민청원은 대규모 군중 집회와 비슷하게 극단적으 로 양극화된 집단들의 실력 행사장이 된 느낌이고, 동의에 서 명하는 숫자의 크기로 청원내용의 중요도로 판가름하려는 제 도이다 보니, 집단이기주의를 더욱 부채질하여 국민을 양극화 로 몰고 가는 촉진제 역할을 하고 있다고 느껴졌다.

따라서 청와대 국민청원에 수시로 양 진영의 논리가 상반 되는 주제를 올려 양 진영 간에 실력행사를 하고 있어, 정치적 양극화를 더욱 부추기는 역할을 하고 있기 때문에 동의에 서 명하는 숫자의 크기로 청원내용의 중요도를 판가름하는 방법 을 조속히 개선하거나 폐기하여야 할 것이다.

정치적 양극화를 부추기는 지역 집단이기주의

집단이기주의(collectivism)는 특정 집단이 국가나 사회의 이익을 고려하지 않고 합리적 대안이 없는데도 자기 집단의 이익만을 고집하는 사회 현상이다. 특정 집단이 자신들의 이익을 대변하기 위하여 집단행동을 한다고 해서 모두를 집단이기주의로 볼 수는 없고, 그 집단행동으로 얻는 결과가 국가나 사회의 이익에 반하는 집단행동이어야 할 것 같다.

여기에서 말하려는 극단적 정치 지역 집단이기주의는 항만, 공항 등과 같은 국가의 주요 기간시설의 설치지역이 어디가 되더라도 약간의 시설비가 더 들고 효율 차이도 그리 크지만 않다면, 자기 거주 지역에 유치하려는 마음은 누구에게나 있을 것이므로 자유경제 국가에서 어디든 나타날 수 있는 자연스러운 보편적인 지역이기주의를 말하는 게 아니다.

문제는 민주당이 호남지역을 기반으로 하는 정당이며 호남지역에서는 민주당에서 국회의원이나 지자체장 등 후보만 내면 모두 당선되는 정도여서 아예 민주당의 공천만 필요하지, 국가에서 구태여 선거비용을 들이며 선거할 필요성조차 없는 비민주적 정치 행위가 언제인가부터 지속되고 있는 극단적인 정치 지역 집단이기주의가 큰 문제이기 때문이다.

극단적 정치 양극화를 심화하는 하나의 동기가 된 민주당의 지역 기반은 호남지역이며, 매번 어떤 이슈에 대한 극단 대립이 있으면 민주당을 지지하는 호남지역 사람들은 선거가 필요 없는 비민주적 정치 행위와 거의 동일하게 이슈와 관계없이 절대적인 지지를 보내고 있어, 정치집단 간의 편가르기가 점점 지역적 대립양상으로 흘러가고 있음이 더욱 큰 문제로 부상될 것 같다는 생각이 든다.

호남을 지역 기반으로 하는 민주당의 경우 거의 35%에 해당하는 호남인의 안정적인 지지기반을 갖고 있어, 시중에 떠도는 말로 민주당은 어떠한 잘못된 정책을 내놓거나 어떤 후보자를 내어도 지지층 35% 불변이라는 말이 나올 정도로 똘똘 뭉쳐있는 것 같다.

이처럼 선거가 필요 없을 정도의 지역주의의 문제점은 우리나라가 처한 정치·사회 환경에 비추어 정치인의 도덕성이 가장 중요한 덕목임에도 불구하고, 당에서 공천만 하면 선거와 관계없이 당선이기 때문에 도덕성이나 능력보다는 당과 지역구 국회의원에 대한 충성도가 우선일 수밖에 없는 구조적 취약성을 가지고 있고, 선거를 통한 도덕성 검증 절차가 없게 되므로 부도덕한 정치인을 제도적으로 양산할 우려가 너무 크다는 데 있다.

이렇게 선출된 국회의원은 국익을 가장 우선하여야 하는 국회의원의 책무보다는 차기 공천을 위해서라도 지역이나 조직 이익을 우선하는 정치를 할 수밖에 없으므로 당에만 충성하는 부도덕한 해바라기성 국회의원들로 국회가 채워질 수 있고, 이러한 부작용으로 인하여 지역 집단이기주의가 점점 심화하면서 견고히 뿌리를 내릴 수밖에 없을 것이란 우려가 커진다.

영남지역도 호남지역만큼은 아니지만 역시 역대 선거에서 보면 호남지역이 선호하는 정당과 대립하는 정당에 표를 몰아주어, 두 개의 양대 정당이 계속 대립하는 상태를 만들어 왔으므로 우리나라에 극단적 정치 양극화를 심화시키는 데 기여한 바가 역시 크다 할 것이다.

선거가 필요 없을 정도의 비민주적 정치 행위가 호남지역에서 앞으로도 지속된다면 자칫 지역 간 갈등과 대립양상으로 번질 우려가 크며, 이리된다면 호남지역은 지역대로 피해를 볼 터이고, 국가는 국가대로 사회 불안을 가중해 위험한 상태에 빠질 우려가 매우 커 보인다.

이처럼 선거가 필요 없을 정도의 정치 분야 지역이기주의는 극단적 정치 양극화를 심화시켜 정쟁을 가속함으로써 우크라이나와 같이 심각한 지역 갈등과 국가안보 소홀로 외세로부터 쉽게 침략당하여 국가가 파멸할 수도 있겠단 생각까지 드는데 과연 필자만의 생각일지 궁금하다.

근래에 극단적 정치 양극화로 국론이 분열되어 세계 각국의 조롱거리가 될 만큼 심각한 미국을 보면서 우리나라는 그보다 더욱 심각한 단계까지 와 있음을 느끼며, 국가의 심각한 안보위기, 경제위기, 도덕성 위기가 현실로 다가오고 있는 것을 염려하지 않을 수 없다.

세월호 사고 이후 민주당이 국민선동으로 정권교체를 이룬 후 작금에 국가가 처한 중대한 위기를 보면서 국민의 생각이 바뀌었음을 이번 제20대 대통령선거에서 보여주고 있으며, 민주당이 계속 전국 정당으로 완전히 탈바꿈하지 못하고 지역정당으로 남는다면, 우리나라 정치에서 주력 정당으로 나설 가능성이 희박해질 수 있다는 사실을 제발 깨닫고 지역정당에서 탈피하려는 노력이 절실히 필요한 때 같다.

호남 지역민도 우리나라가 남한과 북한이 지역적으로 대치하고 있는 상황인데, 거기에 호남지역과 다른 지역이라는 또 다른 지역적 갈등이 추가되어 극단적 정치 지역 집단이기주의가 고착된다면 국가에 큰 불행이 올 수도 있다는 점을 깨닫고, 호남이 민주주의의 성지라는 자부심이 더 이상 훼손되지 않도록 선거가 필요 없을 정도의 비민주적인 정치 관행을 여기에서 멈추어야 할 때인 것 같다.

사람이 한번 자신에게 굳어진 관행을 바꾸는 일이 그리 쉽진 않지만, 양쪽 지역민은 지역적 집단이기주의는 선악의 문제가 아니고 습관에 젖어 잘못을 인식하지 못하는 문제이므로 잘못을 깨닫는 것만으로도 50% 이상의 해소 효과를 가져올 수 있다고 본다. 호남과 영남으로 갈린 정치적 지역 집단이기주의를 우리 아이들에게까지 물려줄 수는 없다는 각오로 양쪽 지역민은 자신들의 비민주적 정치 관행이 얼마나 부끄러운 짓인지 분명히 인식해야 할 것이다.

문재인 대통령 취임사의
공약과 정책은 반대

문재인 대통령이 2017년 5월 10일 취임사에서 약속한 주요 내용 가운데 집권 기관 중 실행 여부에 대해 필자 나름대로 아래와 같이 검토해 보았다.

⭕ "지금 제 머리에는 통합과 공존의 새로운 세상을 열어갈 청사진으로 가득 차 있습니다.", "2017년 5월 10일, 진정한 국민통합의 시작 단계로 역사에 기록될 것입니다.", "분열과 갈등의 정치도 바꾸겠습니다. 보수-진보 갈등은 끝나야 합니다.", "이번 선거에선 승자도 패자도 없습니다. 우리는 새로운 대한민국을 함께 이끌어갈 동반자입니다. 이제 치열했던 경쟁의 순간을 뒤로하고 함께 손을 맞잡고 앞으로 전진해야 합니다.", "야당은 국정 운영의 동반자입니다."라고 취임사에서 5차례나 국민통합을 공약하였으나, 불행하게도 문재인 대통령

과 민주당 정권은 야당을 국정 운영의 동반자로 생각지도 않고 국가를 위한 정책이 아닌 정권 연장만을 위한 선동정책 등으로 야당과의 극한 대립이 현재까지 지속되면서 국민도 자연적으로 편가르기에 휩쓸리면서 극단적 정치 양극화 현상이 더욱 심화하였고, 역대 정권 중 최악의 국론분열 사태가 일어나 국가의 존립마저 위태로운 지경에 이르렀다.

◑ "권력기관은 정치로부터 완전히 독립시키겠습니다."라고 공약하였지만, 권력형 비리를 수사하여야 하는 검찰의 정치적 중립과 독립은 어떤 권력기관의 독립보다도 중요함도 불구하고, 법무부 장관의 비리 수사, 월성 원전 경제성 조작 사건의 수사 등의 권력형 비리를 수사하는 데 정부가 오히려 방해하거나 개입하였다. 그걸로도 모자라 검찰총장을 징계하려는 등 공약 사항에 오히려 역행하여, 결국에는 검찰총장이 스스로 그만두고 국민의 지지를 받아 대통령에 당선되는 결과로 이어졌다.

◑ "안보 위기도 서둘러 해결하겠습니다. 한반도 평화 위해 동분서주하겠습니다.", "튼튼한 안보는 막강한 국방력에서 비롯됩니다.", "북핵문제 해결할 토대도 만들겠습니다."라고 3차례나 대통령의 책무 중 가장 중요한 국가를 지키는 안보 문제와 함께 현안 과제인 북핵 문제 해결을 공약하였지만, 군대의 기강은 해이할 대로 해이해져 군인이 사고를 지키는 군인으로 전락했다고 국민이 크게 국가의 안보를 걱정하고 있

다. 또한 북한은 핵무기 고도화를 지금까지도 끊임없이 추진하여 주한미군이 철수한다면 전쟁억지력조차 사라지게 되어 남한의 존립마저 위태로운 지경에 와 있다.

❍ "전국적으로 고르게 인사를 등용하겠습니다. 능력과 적재적소를 인사의 대원칙으로 삼겠습니다. 저에 대한 지지와 상관없이 유능한 인재를 삼고초려해서 이를 맡기겠습니다." 라고 공약하였지만 대통령이나 장관이 임명하는 주요 공직자의 대부분을 민주당의 지지기반인 호남지역 사람들과 당에 충성도가 높은 사람들로 임명함으로써 지역 갈등과 정치적 양극화를 더욱 부추겼다고 생각된다.

❍ "나라 안팎으로 경제가 어렵고 민생도 어렵습니다. 무엇보다 먼저 일자리 챙기겠습니다."라고 공약하였지만 실제로는 원자력 발전의 폐지, 다른 나라보다 온실가스의 선제적 감축, 중대재해처벌법, 노조편향정책 등 국민에게 인기에 영합하려는 선동정책을 추진하여 수출품의 원가 상승으로 우리나라의 수출산업이 타격을 받아 경제는 점점 어려워지고, 일자리는 감소하는 상황으로 갈 수밖에 없는 실정이 된 것 같다.

❍ "지역, 계층, 세대 간 갈등을 해소하고 비정규직 문제도 해결의 길 모색하겠습니다. 차별 없는 세상 만들겠습니다."라고 공약하였는데, 그동안 거의 평등했던 사회를 오히려 지역, 계층, 세대 간의 편가르기로 갈등을 부추겨 반사이익을 보려는 선동정치로 인하여 국민 각계 계층 간의 갈등은 역대 정권

중 최악의 상태까지 와 있다고 생각한다.

❍ "문재인과 더불어민주당 정부에서 기회는 평등할 것입니다. 과정은 공정할 것입니다. 결과는 정의로울 것입니다."라고 했는데, 청와대 문재인 정부의 초대 민정수석비서관을 지냈고, 법무부 장관을 지낸 기회의 평등과 과정의 공정을 책임져야 할 직책에 있던 진보 정치학자라던 모 장관은 부인과 함께 자기 딸의 스펙 조작에 의한 부정 입학으로 국민의 지탄을 받고 있는데도 대통령은 그를 감싸기에 바빴다. 국민이 얼마나 허탈해하였을지 생각이라도 해 보았는지 궁금하다.

❍ "국민들과 수시로 소통하는 대통령 되겠습니다. 주요 사안은 대통령이 언론에 직접 브리핑하겠습니다.", "군림하고 통치하는 대통령이 아니라 대화하고 소통하는 대통령이 되겠습니다. 광화문 시대 대통령이 돼 국민들과 가까운 곳에 있겠습니다."라며 국민과의 소통과 언론과의 소통을 2번이나 공약하였지만 역대 대통령 중 가장 국민 또는 언론과 소통하지 않은 대통령 중의 한 명이라 한다.

문재인 대통령의 취임사에서 공약한 많은 공약사항이 어느 정도라도 지켜진 것이 아니라 거꾸로 역대 정권 중 최악의 상태로 악화하여 있는데 취임사에서 스스로 "잘못한 것은 잘못했다고 말씀드리겠습니다." 하고도 국민에게 어떻게 사과할지 잘 모르겠다.

대통령도 사람이므로 헛공약을 의도적으로 했을 리는 만무하고, 취임 당시는 지금 우리나라가 처한 위기를 알고 해소하려는 정책을 추진하려는 의지가 있었다고 생각되지만, 국회의 절대다수 의석을 차지하고 있는 민주당의 독주체제를 대통령조차도 견제하지 못하여 생긴 일이라고 생각한다. 하지만 그렇다고 대통령의 책임을 면하지는 못할 것이다.

이러한 문재인 대통령과 민주당 정권의 집권 후 우리나라가 극단적 정치 양극화, 집단이기주의, 도덕 불감증, 국가안보의 와해 등으로 존망의 위기로까지 몰리고 있는 것은 첫째는 촛불집회 등에 의해 국민을 선동하여 집권하는 과정 즉 프로세스가 공정하지 않았기 때문일 것이며, 둘째는 국회의원이나 정부 요직의 임명직 공무원을 공천하거나 임명할 때 도덕성과 능력이 우선이 아니라 오직 당의 충성도만을 기준으로 선발하였기 때문일 것으로 생각된다.

문재인 정부가 다 잘못한 것은 아니고 갑자기 발생한 코로나(COVID-19)로 국민이 위기에 빠졌을 때, 마스크가 코로나 확산 방지의 중요한 수단이었으므로 코로나 초기 공적 마스크 판매 등에 의해 부족한 마스크를 최선의 방법으로 국민에게 보급하였고, 사회적 거리두기, 신속한 역학조사와 진단검사에 의한 확진자와 밀접 접촉자의 차단, 차량 내 진단검사(drive-through) 등 이른바 K-방역이라 불릴 정도로 코로나 발생 시 적절하고 신속한 조치로 초기에 감염경로를 잘 차단하여 다른 나라에 비해 확진자 수도 적고, 사망률도 낮도록 잘 대처하였던 측면을 보면 매우 잘한 일이라고 생각된다.

문재인 정부의 홍남기 부총리는 여당 국회의원들이 무리한 추가예산 편성을 요구했을 때, 자신이 궁지에 몰렸음에도 불구하고 국가의 재정 건전성 등의 이유를 들어 끝까지 반대하는 국가를 위해 소신이 뚜렷한 관료였는데, 나라의 발전을 위해서는 그런 분들이 우리나라에 많이 있어야 할 것 같다.

새로 취임하는 윤석열 대통령은 자신이 지킬 수 있는 한도의 취임 공약을 발표하고, 발표한 취임 공약은 최선을 다하여 실행에 옮겨 퇴임 시 국민에게 지탄을 받는 불행한 일이 생기지 않도록 하여야 할 것이다.

앞으로 국민은 문재인 정권으로부터 배운 학습을 통하여 선동정치에 빠지지 말아야 하며, 도덕성이 결여된 정권인지, 이중인격적 정권인지, 오만한 정권인지 등을 가려서 참정권을 행사하여야 할 것 같다.

제3장

지도층일수록
더 타락한
대한민국

죄의식조차 없어지는
고위 정치인의 비리 범죄

문재인 정부가 집권하기 전에는 하위 공직자의 비리 사실이 간간이 보도되었는데 세월호 사고 이후에는 권력이 높은 정치인이나 공직자일수록 비리로 고발되고 있다. 국민의 눈높이에서 볼 때 매스컴에 의해 의혹을 받는 정치인이나 대통령 후보자의 비리 내용이 여러 정황으로 보아 명백한 비리 범죄임이 틀림없는데도 죄의식이 없는 건지, 아니면 미리 사법부에 해 놓은 로비를 믿고 있는 것인지, 높은 권력을 이용해 무죄로 만들 수 있기 때문인지 대부분이 범죄사실 자체를 아예 부인해 버리며 흐지부지 넘어가는 사례도 자주 생기는 것 같아 고위 정치인을 파렴치범으로 양산하는 국가가 된 느낌이다.

예전에는 "유전무죄"라 했지만, 이제는 권력의 유무에 따라 죄가 인정되기도 없어지기도 하는 "유권무죄"가 정착하는 것 같아 허탈함을 감추기 어렵다.

고위 정치인이나 공직자는 막강한 권한을 가지고 국가나 지방자치단체를 운영 및 집행하는 직접적인 관리자이므로 일반 국민보다 몇백만 배나 나라의 발전에 대한 역할이 크므로 일반 국민보다 훨씬 높은 수준의 양심을 가져야 한다고 생각한다.

과거나 현재나 대부분의 대통령은 적어도 집권 중에 자신들의 사익을 위하여 대통령의 권력을 이용한 커다란 부정 축재는 거의 없었던 것으로 생각하지만, 작금의 청와대 보좌관을 보면 대통령을 보좌하므로 국민에 대해 가장 모범적이고 가장 양심적이어야 할 직책인데도 권한을 이용하여 사익이나 집단 이익을 위해 범죄를 저지르는 일이 보도되고 있어, 청와대가 비리의 온상과 같아 보이는데 이 또한 당에 대한 충성도 위주로 임명하는 대통령의 인사정책에서 온 결과일 것으로 생각한다.

국회의원들의 직무 유기가
국가를 파멸시킬 수준

국회의원은 입법부인 국회의 구성원이며, 유권자를 대표하여 입법을 담당하고 국정을 감시하는 자로서 헌법과 각종 법률을 개정·제안·의결하고, 국가의 재정과 관련하여 정부의 예산안을 심의 및 확정하고, 결산을 심사하며, 일반 국정과 관련하여 감사와 조사를 시행하는 등 막강한 권한을 가지고 있다.

국회의원은 지방의회의원과는 달리 국민 전체의 이익을 대변하고 실천하기 위하여 국정을 운영 및 감독해야 할 책임이 있음에도 불구하고 집단이기주의에 빠진 채 국회의원을 구성하는 여야 정치집단의 타협은 사라지고 극단적으로 양분되어 매사에 부딪히다 보니, 이를 보는 일반 국민도 자연적으로 극단적 정치 양극화로 빠져들게 되었다.

헌법이나 국회법을 보면, 국회의원의 가장 중요한 의무는 국익 우선의 의무, 청렴 의무, 지위 남용금지 의무 등이 있는

데 과연 이 세 가지의 가장 중요한 의무를 제대로 하는 국회의원의 비율이 얼마나 될지 의심스럽기만 하다.

우리 국회는 매일 새로운 법을 만든다고 법석을 떨고 있으며, 그나마도 법을 만들려면 진정 국가를 위한 법을 만들어야 하는데 대부분 새로 만들려는 법들이 서로 자신의 집단에 유리하도록 국민에게 인기 영합하여 자기편을 늘리기 위한 국민 선동용 법률이 대부분인 것 같아 안타까움이 더욱 커진다.

나라의 법을 만들고 행정부를 견제하여야 하는 국회의원의 도덕성은 국민 1인의 도덕성보다 몇백만 배나 더 요구될 것이며, 그러기 때문에 많은 보수, 사무실 운영비, 8명 정도의 보좌관, 판공비 등 일반인이 상상할 수 없는 비용을 국가에서 지원하는 이유이기도 할 것이다.

헌법이나 국회법을 보면, 국회의원의 가장 중요한 의무 중 하나가 국익 우선 의무인데 나라의 법을 만들고 행정부를 견제하여야 하는 국회의원이 자신의 의무인 국가와 국민을 위한 정책개발을 외면한 채 자신과 자신이 속한 정치집단의 차기 집권을 위하여 국민을 선동하는 정치만을 연구하는 일에 대부분 비용과 보좌관들의 업무를 집중하면서 정치적 양극화를 오히려 부채질하고 있다는 생각이 들 수밖에 없도록 행동하고 있는 것 같다.

우리나라는 이제 각종 법이나 지침이 세계적으로 가장 많은 나라일 정도로 각종 법을 세세하게 만들어 놓았는데도 불구하고, 국회의원들은 쓸데없는 법만 양산하고 있는 것 같다. 대표적인 사례가 우리나라는 그 많은 법이 있어도 법을 무시하거나, 법으로 안 되는 사건들을 자신들의 목적을 달성하기 위해 국회의원들조차 대규모 군중 집회에 집중하는데 과연 법이 왜 필요가 있을까 하는 반문까지 생긴다.

국회의원별로 그리도 막대한 국고를 낭비하면서 정치 양극화만 부추기고, 도덕적 해이에 빠져 해마다 명목은 업무를 추진하기 위한 자료조사 등이라 하지만 실상은 대부분이 외유성 해외여행으로 국고를 축내고 있으며, 국회의원은 임기를 마치면 국민연금보다 많은 의원연금까지 받고 있으므로 국민은 더욱 허탈해할 것 같다.

이러다 보니 많은 국민의 입에서 국회의원의 수를 대폭 줄여야 한다든가, 국회의원에게 지원되는 보좌관의 수와 급여는 물론 판공비조차도 줄여야 한다며, 국회의원을 바라보는 시각이 점점 냉담해지고 있는 것을 국회의원들이 알고 있는지 모르는지 안타까울 뿐이다.

모든 제도는 장단점이 있듯이 국회의원의 수가 많으면 여러 분야의 민의를 골고루 반영할 수 있는 등 많은 장점이 있을 것임에도 불구하고, 우리나라의 국회의원들은 그런 장점은 보이지 않고 극단적 정치 양극화가 일어나도록 국민의 집단이기주의를 부추기는 역할을 주도적으로 하는 것 같다.

막대한 국고를 지출하면서 많은 국회의원을 유지하고 있는

데 이것이 오히려 국가를 파멸시키는 데 주도적 역할을 하여, 우리나라를 후진국으로 전락시켜 후손들에게 물려주는 역사의 죄인이 되지 않도록 지금부터라도 헌법정신을 잊지 말고, 국가이익을 우선하여 양심에 따라 직무를 수행해야만 할 것 같지만 그동안 국회의원들이 보여준 행동을 보면 그러한 기대는 가능성이 전혀 없어 보이긴 하다.

국민도 자기 손으로 선출한 국회의원을 욕만 할 일은 아니고, 극단적 정치 양극화의 구성원이 바로 우리 국민 자신이며, 국회의원들도 자신이 선출하였다는 점을 자각하고 어떻게 해야 극복할 수 있을지 지혜를 모아야 할 때인 것 같다.

필자는 국가와 국민을 위한 정책개발에 매진하고 행정부를 견제하여야 할 국회의원이 나라를 망치는 일에 오히려 시간과 돈을 투자하고 있는 것 같아, 현재와 같이 많은 수의 국회의원이 필요 없을 것이므로 국회의원 수를 200명 이하로 대폭 줄이고, 아울러 그러한 시간과 돈을 사용하지 못하도록 국회의원 1인당 보좌관 2인 이내의 사무실 운영비만 보조하는 정도에서 무보수 봉사직으로 바꾸도록 국민이 총궐기하여 정치제도를 바꿀 때라고 생각된다.

국가의 정의를 수호할
마지막 보루인 사법부의 타락

법이 누구에게나 공평하게 적용되도록 만들어지고, 누구에게나 공평하게 집행되는 구조의 체제는 민주주의 국가며, 일부 특권층에게 유리하도록 법이 만들어져 있거나, 일부 특권층에게 유리하도록 법이 집행되는 구조의 체제는 독재국가라 할수 있을 것 같다.

민주주의의 근간은 법이 국민 누구에게나 공평하게 적용되도록 만들어지고, 누구에게나 공평하게 집행되는 구조의 체제를 가진 즉, 법치주의의 실현이 가장 중요한 일일 것 같다.

모든 국민이 평등하게 대접받는 정의로운 사회를 만들기 위해서는 법을 만드는 입법부의 역할도 중요하지만, 법의 목적을 실현하기 위해 만들어진 법을 공정하게 집행하는 사법부의 역할도 그 이상 중요하다 하겠다.

프랑스의 법학자 몽테스키외는 입법권, 사법권, 행정권의 삼권이 한쪽으로 집중되게 되면 시민의 정치적 자유를 저해하게 되므로 이 세 가지 권력을 분리시키는 삼권분립을 통하여, 이들이 서로를 감시하고 견제할 수 있을 때, 국가 권력의 남용을 막고 정치적 자유가 실현될 수 있다고 하였다.

우리나라도 행정부, 입법부, 사법부의 삼권분립제도를 채택하고 있어 그중 가장 약해 보이는 사법부는 삼권분립의 수호가 곧 사법부의 사명이자 바로 자존심일 것이다.

대법원장, 대법관 등 사법부의 수장들이 자신의 사명이며 자존심인 삼권분립까지 스스로 허물며 행정부의 종이 되길 자처하고, 정의를 지키는 게 아니라 정의를 허무는 데 앞장서는 사람들이라면 이들이 진정 현대판 매국노가 아니고 무엇이겠는가 하는 생각이 든다. 어찌하여 그들보다 훨씬 못하다고 생각되는 대다수의 국민이 그들을 오히려 불쌍하게 여기는 세월이 도래되었는지 통탄하지 않을 수 없다.

나라의 모든 분야에서 암울한 현상이 줄곧 이어져 국가가 파멸의 위기로 치닫고 있는데 이를 지켜줄 가장 정의롭고 가장 깨끗해야 할 사법부의 판사들이 자신의 영달을 위하여 양심을 팔아가며 행정부에 줄 대기와 개인의 사익을 챙기는 데 급급한 사례들이 틈틈이 언론에 보도되고 있다.

사법부 외에도 국가의 중요 사건을 조사하여 범죄자를 법원에 기소하는 가장 공정하여야 할 특별검사조차도 나중에 알고 보니, 한쪽 정권에 편향적이었고 그로 인해 비리 의혹까지 있으니, 그동안 고양이한테 생선을 맡긴 꼴이므로 과거 그 특별 검사가 기소한 사건이 얼마나 잘못된 사건이었는지 언젠가는 진실이 가려져야 할 일이라는 생각까지 든다.

일선 검사들조차도 일부이긴 하지만 특정 정치집단 또는 정부에 편향적인 인물로 국민 모두 알 정도로 양심보다 집단이익을 우선하여 자신의 집단 구성원의 있는 죄는 덮어주고, 다른 집단 구성원의 죄는 만들어서라도 기소하는 안타까운 현상이 일어나고 있는 것 같아, 과연 우리나라의 정의를 수호할 사법당국이 이렇게 타락한다면 앞으로 나라의 장래는 어떻게 될지 걱정이 너무나 크다.

사법부의 수장인 대법원장이나, 대법관, 헌법재판소 재판관 등의 책무는 너무 막중하여 설명이 필요 없을 정도이므로 행정부을 견제하여 국가 권력의 남용을 막아야 하는데, 우리나라를 파국으로 몰고 가고 있는 극단적 정치 양극화에 함께 휩쓸려 국민과 함께 편가르기에 동참하고 있거나, 대규모 집회, 매스컴, 소셜미디어 등을 통한 군중심리를 이용한 여론몰이에 나서는 정치집단이 주창하는 논리가 마치 법 위에 있는 것처럼 판결한다면 우리나라에 법이 왜 필요하며, 법을 무용지물로 만드는 법관들은 왜 필요한지도 잘 모르겠다.

검사들은 검찰권 행사를 공정하게 행사하도록 법관과 같은 자격을 요구하고, 법으로 그 신분을 보장하고 있으며, 구체적인 사건에 대하여는 그 처리에 있어 정치적 영향을 배제하기 위하여 법무부 장관조차도 검찰총장만을 지휘·감독할 수 있도록 하고 있다.

검사의 역할이 범죄사실을 수사하고, 수사의 결과 공소제기 여부를 독점적으로 결정하는 권한을 가짐으로 인해, 그간 국민에게 따가운 시선을 받아 온 것이 사실이며, 일부 검사들은 권력의 시녀가 되어 있다는 국민의 우려까지 있었다.

우리나라는 연일 정부나 정치권에서 검찰 개혁하겠다고 야단이었는데 필자의 소견으로는 검찰 문제뿐만 아니라 우리나라의 모든 분야에서 일어나고 있는 잘못된 일은 법과 제도의 문제가 아니라 법과 제도를 실행하는 사람의 문제라고 보인다.

개혁하겠다는 정치권을 비롯하여 개혁 대상인 사람들까지 모두 정신이 건전한 외국인을 모셔 오든가, 아니면 모든 국민의 의식개혁을 하든가 하지 않는다면 모든 개혁이라는 이름은 허울뿐일 거라는 생각이 들었었다.

법정에서 선고받고 할 말이 없다고 조용히 퇴정하는 정치인이나 기업인들이 정말로 죄의식을 가져서 그러는 것인지, 아니면 피고인들이 억울함을 토로할 대상도 없고, 토로해야 아무런 의미도 없으니 말없이 퇴정하는 것인지를 가슴에 손을 얹지 않고 생각하더라도 법관 본인들은 더 잘 알고 있을 것이란 생각이 든다.

대한민국 헌법에 "법관은 헌법과 법률에 의하여 그 양심에 따라 독립하여 심판한다."라고 되어 있으므로 법관들이 양심에 따라 아무리 여론몰이에 의한 집단논리라 하더라도 법의 논리에 맞지 않았을 때 과감한 판결이 있었다면 지금 세월호 사고 이후 우리 사회가 겪고 있는 극단적 정치 양극화로 국민이 양편으로 갈라져 극렬히 투쟁하는 심각한 국론 분열과 집단이기주의로 생기는 사회불안도 없었을 것이 명백해 보여, 국가의 안위를 책임져야 할 법관들의 일탈에 따른 후유증이 지금과 같이 국가를 위기상태에 빠지게 한 것만 같다.

국가 정의수호의 마지막 보루인 법관마저 정치적으로 양극화된 집단에 줄을 서면서 양심을 팔아 국민의 자유와 안전을 지켜야 할 법을 제멋대로 집행하여 국민의 눈에서 피눈물이 나오도록 만든다면, 법과 법조인이 오히려 이 사회에 없는 것보다도 못한 결과가 될 것이다.

코로나에 걸려 생사를 헤매는 국민 한 사람이라도 더 살려보겠다고 열악한 환경 속에서도 치료에 전념하고 있었던 의료인과 불이 난 불구덩이 속을 한 사람이라도 구하겠다고 뛰어드는 소방관처럼 모든 법조인이 양극화 집단에 편향되지 않고 진정 양심을 회복하여 국가의 주요 사건을 올바르게 판결해주어 우리 사회를 밝히는 등불이 되어주기를 간절히 바란다.

나라를 지켜야 할
언론마저 타락

언론이란 방송(TV/라디오), 신문, 잡지, 인터넷 등의 매체를 통해 어떤 사실을 알리거나 특정 문제에 대한 여론을 형성하는 활동이라 한다.

민주주의 사회에서 언론은 대중에게 정보를 전달하여 여론을 형성하도록 함으로써 국민의 참정권 행사에 막대한 영향을 미치므로 언론인의 양심적인 보도 행태는 곧 그 나라의 미래라고 볼 수 있겠다.

언론이 정직하고 공평하게 본래의 기능을 유지한다면, 국민을 대변하여 정의를 수호할 수 있고, 국가의 발전에 지대한 역할을 할 수 있어 어느 나라든 언론의 자유를 법으로 보장하고 있다. 언론은 민심을 좌우할 수 있는 큰 힘을 가지고 있어서 국가기관이 아닌 사적 기관임에도 불구하고 입법, 사법, 행정부의 뒤를 이어 제4의 권력으로까지 비유될 정도로 막강한 힘을 가지고 있다고 할 수 있다.

세월호 사고 후 TV나 라디오를 켜기만 하면 세월호 사고 위주로 방송하는데 국가에 도움은커녕 사회적 갈등을 심화시켜 나라에 해를 끼칠 수 있다는 생각이 들 정도였고, 세월호의 사주나 그 가족이 지구 밖의 외계나 외국에서 온 사람이 아닌 우리 국민이므로 바로 가까운 나의 이웃일 수도 있는데, 온 국민이 죄가 아닌 사람을 미워하며 돌을 던지는 것 같았다.

겉으로는 희생된 어린 학생들을 매우 안타까워하는 듯하면서, 실제로는 희생된 어린 학생들을 최대한 이용하여 집단과 사익을 챙기려는 사람들의 이중성을 보는 것 같아서 필자는 너무도 실망한 나머지 코로나가 생기기 전까지는 아예 신문, TV, 라디오의 뉴스를 보지도 듣지도 않았던 원인이 되기도 했다.

언론의 뉴스를 보고 있노라면 온통 국가, 세대, 집단, 개인 간 이간질을 하듯 하는 내용이 너무나 많고, 마녀사냥식으로 확인되지 않은 사실을 사실인 것처럼 보도하여 특정 조직이나 특정인이 너무 큰 고통을 받을 수 있는 일이 자주 일어나는 것 같다.

언론은 순기능만 있는 것은 아니며, 언론이 특정 집단에 편향된 이해관계자가 되어 편파보도를 하게 되면, 국가는 상상할 수 없이 큰 피해를 볼 수밖에 없을 것 같다.

과거 히틀러와 같은 독재자와 비양심적 정치인이 언론을 장악하여 편향된 보도로 국민을 세뇌해 자기편에 서게 해 왔듯이, 정치 지도자들이 자신들의 할 일은 소홀히 하면서 오히려 언론을 장악하여 언론플레이에만 집중한다면 그 나라의 장래는 밝다고 할 수 없을 것이다.

언론이 정치적 집단에 빌붙어 자사의 이득을 위한 수단으로 보도 행위를 하고, 자율성이 보장되어야 할 편집과 보도에 노조가 개입되어 노조가 지지하는 정당의 편향적 보도를 일삼고, 국가의 이익에 도움이 되지 않는 정신질환자나 할 수 있는 터무니없는 사건을 거름 없이 보도한다면 언론의 필요성조차 의심받게 될 것이다.

앞으로 이러한 언론의 행태가 개선되지 않는다면 언젠가는 언론사가 너무 많아 과다한 보도 경쟁으로 인해 발생하는 문제로 국민에게 인식되어 또다시 과거처럼 언론사 통폐합의 문제로 발전될 수도 있을 것 같다는 생각까지 든다.

이제라도 언론사들은 정치권이나 노조 등에 휘둘리지 말고, 우리나라가 처한 극단적 정치 양극화가 나라를 파국으로 몰고 가는 데 있어서 얼마나 위험한 사회악임을 진정 깨닫고, 언론사들조차 양극화 집단에 끼어들어 편향적인 보도를 하는 일이 없도록 양심적인 보도로 언론의 책임을 다할 때 우리나라가 바로 설 것이다.

"언론이 진실을 보도하면 국민은 빛 속에서 살 것이고, 권력의 시녀로 전락하면 어둠 속에서 살 것이다"라고 하신 고 김수

환 추기경님의 말씀이 한층 실감난다.

　지금까지 우리나라의 발전에 지대한 공로를 세우신 선배 언론인을 본보기 삼아, 이제라도 언론사와 언론인이 언론의 생명인 공정성, 진실성, 객관성을 토대로 보도하고 평론하는 양심적 언론으로 돌아온다면 대중언론의 뉴스를 아예 보지 않는 필자와 같은 사람들도 다시 대중언론의 뉴스 시청자가 될 것 같다.

　우리 국민도 시청자로서 언론의 감시자가 되어 특정 언론사가 편향적인 보도를 일삼는다면 분명히 채찍질하여 국민의 무서움을 보여줘야 하는 책임이 있다고 하겠다.

제4장

피부로 느끼는
대통령제의
폐단

집권에만 욕심 있는 정치인을
양산하는 대통령제

대통령제의 나라는 진정 국가에 봉사하려는 마음으로 대통령에 출마하는 정치인도 많지만, 절대 권력자인 대통령이라는 권력을 얻어 국가를 자신의 마음대로 좌지우지해 보려는 권력욕으로 출마하는 정치인도 많았기 때문에 독재자가 자주 출현하였고, 국가의 이익을 무시한 채 자신의 이익만을 채우고 임기를 마치는 대통령으로 인해 국가에 큰 불행이 생긴 일도 많았던 것 같다.

우리나라도 제20대 대통령선거에 나선 많은 후보자 가운데 국민에게 봉사하기 위해 대통령이 되려는 후보자보다 막강한 권한을 가진 대통령이 되겠다는 권력욕에 눈이 먼 후보자가 많아, 국가의 재정파탄은 안중에도 없고 엄청난 선거 포퓰리즘을 쏟아내었던 후보자들이 많았다. 우리나라에 직선제 대통령제가 계속 유지된다면 선거 포퓰리즘으로 인하여 곧 국가

재정이 파탄 날 것이며, 직선제의 대통령제는 권력욕에 눈이 먼 부도덕한 정치인을 양산할 수밖에 없는 정치체제라는 생각이 들었다.

우리나라에서 세월호 사고가 나자, 야당은 이런 호기가 없다고 판단하고 대규모 촛불집회 등 온갖 수단과 방법을 모두 동원하여 국민을 잘 선동하여 정권교체를 이루었던 실례가 있듯이, 직선제인 대통령제는 정치·사회적으로 매우 안정된 나라가 아닌 이상에는 권력욕만 있는 부도덕한 정치인들을 양산하여 선동정치와 과다한 선거 포퓰리즘에 의해 국가 재정이 파탄 날 수 있고, 자칫 지역주의를 심화시킬 수도 있는 구조적 결함을 가진 정치체제라는 생각이 들었다.

우리나라가 대통령제를 계속 유지한다면 언변이 좋아 국민 선동을 아무리 잘하더라도 도덕성이 확실히 검증되지 않은 대통령 후보자를 국민이 선택했을 때, 나라에 큰 불행을 몰고 올 가능성이 크다는 점을 명심해야 할 것 같다.

물고 물리는 정치 보복

우리나라는 전두환 대통령 이후 대부분의 대통령이 감옥에 가거나 불명예를 당하여 자살하는 등 불행해지는 걸 보면서 참담한 마음을 금할 수 없었으며, 이는 대통령 자신들의 문제라기보다 우리나라 정치제도의 문제이며, 집권에만 욕심이 있는 대통령과 정치집단의 양심 문제라는 생각이 들면서 더욱 마음을 무겁게 하였다.

우리나라가 언제쯤 전직 대통령을 감옥에 보내거나 자살하게 하는 일이 멈추어질지 지금으로서는 예측하기도 어렵고, 많은 국민이 정치 보복이라고 우려하였는데도 정작 우리나라의 정치집단은 한사코 정치 보복이 아니고 죗값을 받는 것이라고 하니, 우리나라의 정치 환경이 점점 깊은 수렁으로 빠져들어 가고 있음이 틀림없다.

독일어로 남의 불행이나 불운을 즐기는 마음을 '샤덴프로이데(Schadenfreude)'이라고 한다는데, 퇴임 후 불행하게 된 전 대통령들을 보면서 일부 국민조차 자기가 지지하는 정치집단들이 하는 일이면 아주 잘하고 있다고 손뼉을 치고 야단들이니, 정말 인간의 마음속에는 샤덴프로이데라는 마음이 있나보다고 생각하면서 우리 자신이 참 가엾다는 생각까지 든다.

정치인은 당선 과정이야 어찌 되었든 정치인이 되었으면 누구보다도 국가와 국민을 사랑하면서 책임감과 양심을 갖고 국가에 봉사할 의무가 있는데도, 당선시켜 준 지역민에 대한 고마움이 국가를 사랑하는 마음보다 더 커서 그 고마움을 임기 말까지 잊지 못하고 그 기회를 만들어준 집단만을 위한 정치를 하거나 재집권에만 관심이 있어 선동정치에만 매달리다 보니, 정치적 지역 집단이기주의는 점점 뿌리를 내려가고, 정권이 바뀔 때마다 서로 물고 물리는 정치 보복이 반복되는 것 같다.

대통령을 비롯한 고위 정치인은 자신들이 훌륭해서 당선되었기보다는 세월호 사고 때와 같이 시류의 선택을 받아 그 자리에 있다는 겸허한 마음을 갖고, 진정 국가와 국민을 위한 정치를 하면서 극단적 정치 양극화로 인해 나타나는 국론분열을 해소하는 데 노력을 집중한다면 그 대통령부터는 전과 같이 대통령을 마치고도 감옥에 가는 일이 없어지지 않을까 생각해 본다.

심각한 단점을 안고 있는 대통령제를 정치가 안정된 일본,

캐나다, 호주 등과 영국을 비롯한 대부분의 서유럽 국가가 채택하고 있는 의원내각제로 바꾸어야 할 당위성이 계속 나타나고 있으므로 반드시 바꾸어야 할 것으로 판단되지만, 어쩔 수 없이 현 정치체제가 지속된다면, 새로 당선되는 대통령들은 과거부터 현재까지 이어오는 악순환의 고리를 끊고, 진정 국가와 국민을 위하여 대통령직을 수행하고 진정 명예롭게 퇴임하여 편안한 여생을 보낼 수 있기를 바라는 마음이 간절하다.

나라를 파멸로 몰고 가는
선거 포퓰리즘

포퓰리즘(populism)이란 대중주의 또는 인기영합주의 등으로 번역되며, 영어로 피플(people)을 뜻하는 라틴어 포퓰루스(populus)에서 유래된 말로, 19세기 말 러시아 사회를 풍미했던 나로드니키(narodniki)의 계몽운동과 1890년대 미국 농촌 사회에서의 농민 운동에서 비롯된 것이며, 1890년 미국의 양대 정당인 공화당, 민주당에 대항하기 위해 생겨난 인민당이 농민과 노조의 지지를 얻기 위해서 경제적 합리성을 도외시한 정책을 표방한 것에서 연유되었다고 한다.

기재부의 시사 경제 용어사전을 보면 포퓰리즘이란 일반 대중의 인기에 영합하는 정치체제를 말하며, 본질적으로 대중의 이익을 위해서가 아니라 정치 권력을 얻거나 집권 세력의 권력을 유지하기 위한 목적으로 이용되고, 정치적인 목적으로 일반대중, 저소득층, 중소기업 등의 지지를 얻기 위해 표방하는 경제정책에서 주로 나타나며, 재원의 마련 및 지속성에 대한 고민이 없이 과격한 정책을 표방하며 인기영합주의로 빠지기 쉽다고 한다.

우리나라에서 대통령선거 시 쏟아지는 선거 포퓰리즘(populism)은 대통령제의 선거 폐단에서 발생하는 것으로 국가나 국민의 이익을 위해서가 아니라 오직 표를 얻어 정치적 권력을 잡기 위한 목적으로 국가의 재정이 감당할 수 있는 능력을 초과하거나, 효율성, 적합성, 형평성 등이 떨어짐에도 불구하고, 국민 또는 저소득층, 노동자, 특정 지역 또는 집단의 지지를 얻기 위해 벌이는 무책임한 인기 영합 전술로서 선심성 선동정책이다.

포퓰리즘(populism)은 정치적 영역을 넘어 점점 사회적, 경제적, 문화적 영역으로까지 확대되고 있다고 하며, 겉으로는 국가나 사회를 위하는 척하나, 그 내면에는 국민을 선동하여 반사이익을 얻으려는 의도가 포함되어 있다면 그런 정책은 모두 선동정치로 보아야 할 것 같다.

우리나라는 대통령제로 대통령에게 국가를 운영하는 권한이 지나치게 편중되어 있어 대통령선거마다 국가에 대한 봉사정신이 아닌 권력을 가지려는 후보가 난무하다 보니, 한탕주의식 사고로 후보자들의 선심성 공약인 선거 포퓰리즘이 기하급수적으로 증가하면서 대통령선거의 흐름이 마치 나라를 망치기 위한 선거 포퓰리즘의 경쟁 장소처럼 되어가고 있다.

제20대 대통령선거를 보면서 선거 포퓰리즘은 극에 달하고 있으며, 무분별한 저리 융자 대출, 시장을 고려하지 않은 수의 주택 공급, 세금 완화, 병사의 급여 인상, 전역장병 지원금, 최저생계비 확충, 주4일 근무제, 최저 소득 100만 원 보장, 무리한 탄소배출 감축, 임차인 계속 주거권 보장, 누구든 소득 70%의 상병 수당, 농민수당 월 150만 원 기본소득 지급, 18세 이상에게 1억 원 지급, 1인당 매월 150만 원 지급, 결혼 비용 2억 원 지급, 출산 수당 5천만 원 지급, 육아수당 매월 100만 원 지급, 전 국민에게 기본생계소득 월 65만 원 보장 등 그 종류가 이루 말할 수 없이 많다.

　위에 열거한 것은 선거공보에 나온 것들이고 지방마다 순회 유세 중에 지방 발전을 위해 투자하겠다는 선거 포퓰리즘에는 얼마나 많은 예산이 소요될지 상상조차 되지 않으며, 부산 시장 선거만 보더라도 부산시민을 선동하기 위하여 용역 결과 이미 효율성이 없다고 판정이 난 가덕도에 몇조 원을 더 들여 신공항을 만들기 위해 특별법까지 만들어 추진하고 있는 정치권을 보면서 우리나라가 얼마만큼 추락하여야 이런 미친 짓을 멈출지 예측하기도 어려운 수준으로 치닫고 있는 것 같다.

　대통령 후보자들의 TV 토론은 국민에게 후보자의 정책과 도덕성을 검증하기 위한 목적으로 열리는 것인데, 대통령 후보자의 TV 토론회를 몇 차례 보면서 후보자 토론회가 마치 선거 포퓰리즘의 경쟁 장소처럼 되어 쏟아내는 선심성 선거공약을 보면서 한편으로는 대통령 후보자들이 '우리나라 국민을 참으로 바보 천치로 알고 있구나.' 하는 생각까지 들면서 후보자 토론회를 개최하는 목적까지 불신하게 되었다.

어디 그뿐인가. 우리나라는 조선시대부터 사색당파의 내부 분열로 국방력이 약하여 수없이 일본의 침략을 받았고 36년 간의 식민지 생활까지 한 통곡의 역사가 있음에도 대통령이 되겠다는 후보자들이 대통령의 책무 중 가장 중요한 국가를 지키기 위해 어떻게 예산을 투자하여 어떤 첨단무기를 도입하겠다는 자주국방에 대한 공약은 없었다. 온통 병사의 표를 얻는 데만 혈안이 되어 병사에게 휴대전화 지급, 병사의 급여 인상, 병사의 전역 지원금 지급 등의 선거 포퓰리즘만 쏟아내고 있으니 참담한 마음으로 지켜볼 수밖에 없었다.

튼튼한 국가안보만이 전쟁억지력을 만드는 일로 북한의 미사일 공격에 대응한 고도 방위 체제를 구축하고, 전쟁 발발에 대비한 선제 타격 능력을 갖추어야 한다는 일반인도 상식적으로 이해할 수 있는 전술을 이야기한 후보에게는 다른 후보자들이 전쟁을 선택할 거냐, 평화를 선택할 거냐며 다그치는 모습을 보면서 평화는 표면상 이유일 뿐 실제 그들의 내면에는 다른 의도가 숨어있는 걸로 의심하지 않을 수가 없었다.

적어도 당선 가능성이 없는 후보자의 선거 포퓰리즘은 그냥 해프닝이라 쳐도 당선 가능권에 있는 후보자들이 제시하는 선거 포퓰리즘만 하더라도 한 번만 더 대통령선거를 겪는다면 이와 같은 선거 포퓰리즘(populism)으로 막대한 국가 재정이 효율성, 적합성, 형평성이 없는 사업에 지속해서 투자되어, 결국에는 국가의 재정파탄으로 이어질 수밖에 없을 것이라는 생각이 들었다.

유권자들은 선거 포퓰리즘이 없어지도록 선거에서 그런 후보자를 제외하도록 참정권을 행사하여야 함에도 아직은 그 폐해의 심각성이 피부에 와 닿지 않으니, 대한민국이 파멸되기 전에는 제대로 그 실상을 모를 것 같아 우리나라가 바로 풍전등화의 위기가 아니고 무엇이겠는가 싶다.

이제부터라도 국민을 바보천치로 알고 쏟아내는 대통령, 지방자치단체장, 국회의원 등의 후보자들이 쏟아내는 선거 포퓰리즘을 정확히 가려내어 국민이 올바른 참정권을 행사하지 않는다면 앞으로 더욱더 심한 선거 포퓰리즘이 쏟아져 대한민국이라는 배는 세월호와 함께 침몰할 것이 확실해 보인다.

국민을 위하는 것처럼
위장한 끝도 없는 선동정치

선동정치란 국가나 국민의 이익에 반하여 자신들의 집권 목적을 이루기 위하여 인기 영합적으로 여론이나 사람들을 달콤하고 솔깃한 언어로 부추겨 일시적으로 어떤 일이나 행동에 나서도록 하는 정치일 것이다.

대통령제에서 절대 권력을 가진 대통령이 되려는 자가 국민을 위해 봉사하는 마음이 아닌 오직 권력욕만 가진 사람이라면 국가의 장래보다 당장 집권에만 눈이 멀어 국민의 인기 영합에만 집중하게 될 것이므로 선동정치의 유혹에 쉽게 빠질 것이며, 그런 후보자의 달콤하고 솔깃한 언어에 국민이 도취하면 무엇이 선이고 무엇이 악인지를 구별하기가 쉽지 않을 것 같다.

모든 정치체제에서 어느 정도 선동정치가 일어날 수밖에 없는 구조이지만 지역의 선거구에서 선출되는 의원으로 구성된 국회에서 수상이나 총리를 뽑는 의원내각제보다 국가를 운영하는 권한이 대통령에게 집중된 대통령제에서 선동정치가 일어날 가능성은 비교할 수 없을 정도로 클 것이며, 우리나라는 작금에 그런 일이 현실로 나타나고 있다.

나치 독일의 히틀러는 제2차 세계대전을 일으켜 주변국에 수많은 고통을 주었음은 물론이고, 친위대인 비밀경찰을 조직하여 나치를 반대하는 국민을 말살하였고, 순수한 아리안 혈통을 지킨다는 명목으로 인종차별법을 만들어 유대인과 그 배우자를 독일제국의 완전한 시민이 될 수 없게 하고도 부족하여 가스실 등에서 유대인 600만여 명의 무고한 목숨을 빼앗는 중대한 죄악을 저지른 사람이다.

그런 히틀러는 의회를 해산하고, 헌법의 기능을 마비시켰으며, 사법부를 장악하고, 매스컴을 장악하여 민주주의를 무너트린 독재주의자로서 세계적으로 선동정치를 가장 잘 이용한 정치인으로 알려져 있다.

나치에서 국가 선전 업무를 담당하였던 히틀러의 최측근인 괴벨스는 선동정치를 계획적으로 조장하기 위해, 저렴한 라디오를 만들어 국민에게 보급하여 라디오 보급률을 70% 이상으로 끌어 올림으로써 대부분 가정이 라디오 방송에 정보를 의존하게 만들고, 라디오 전파를 독점한 후 히틀러 우상화 작업을 집중하는 선동정치를 하였다고 한다.

또한 군중 집회를 열어 가두행진을 하면서 "찬양 히틀러

(Heil Hitler)"를 외치게 하는 등의 현란한 웅변술로 군중심리를 이용하면서 국민을 적극적으로 선동하여 절대적인 지지를 이끌어 내 독재체제를 굳힐 수 있었다고 한다.

공포정치는 억압을 통해 국민을 지배하는 것이라 금방 국민이 느끼고 억압에 저항할 수 있지만, 선동정치는 국민이 자기도 모르게 빠지면서 그 상황에 순응하기 때문에 저항할 마음조차 생기지 않으므로 공포정치보다 훨씬 더 무서운 것이라고 한다.

히틀러를 보면서 한 국가의 최고 지도자를 선출하는 제도가 다수결에 의한 민주주의적 제도라 할지라도 가장 훌륭한 사람이 뽑히기보다는 그 시대의 트렌드에 맞도록 국민을 잘 선동한 사람이 뽑힐 가능성이 크다는 것을 알 수 있을 것 같다.

민주주의 사회에서는 위정자의 선동정치에 국민이 넘어갈 수밖에 없는 구조이므로 국가가 운이 없어 국민이 훌륭한 줄 알고 선택해준 정치 지도자가 국민 선동을 잘하는 겉과 속이 다른 지도자였다면 국가에 찾아오는 불행을 막기는 어렵겠다는 생각이 든다.

우리나라에서 일어나고 있는 이웃 나라와의 갈등, 적폐청산, 환경문제, 안전 문제, 청년 일자리 등으로 본질이 국가의 이익이 아니라 국민과 특정 집단에 인기 영합하여 반사이익을 얻거나, 젊은이와 늙은이, 남자와 여자, 기업인과 노동자, 부자와 빈자, 지위가 높은 자와 낮은 자, 임대인과 임차인 등 사회 구성원을 이분법적으로 나누어 계층 간의 갈등을 일으키면서 자신들이 다수의 약자 편임을 부각해 표를 얻으려는 일 등이 국민을 위하는 듯 위장된 인기 영합 정책으로 대부분 선동정치라고 생각된다.

국가에 봉사하기 위해서가 아니라 정치 권력만이 목적인 정치인이 국민에게서 표만 얻기 위해 벌이는 선거 포퓰리즘도 선동정치일 것이며, 제20대 대통령선거에서 후보자들이 쏟아낸 선거 포퓰리즘은 극단으로 치달아, 저리 융자, 병사의 급여 인상, 주4일 근무제, 최저 소득 100만 원 보장, 임차인 계속 주거권 보장, 소득 70%의 상병 수당, 기본생계소득 월 65만 원 보장 등에 지방순회유세 중에 지방 발전을 위해 투자하겠다는 선거 포퓰리즘 등으로 대통령제가 낳는 폐단을 극명하게 보여주고 있다.

이제 우리나라의 정치권은 극단적 정치 양극화로 인해 국론이 심각하게 분열되어 경제는 망가지고, 국가안보는 위기 상황으로 치닫고 있음을 잘 인식하고, 인기 영합 정책이 아닌 진정 국가와 국민을 위한 정치를 실행하여, 역사에 오명을 남기지 않는 떳떳한 정치인으로 남아주었으면 좋겠다.

정치인의 인기 영합용 달콤하고 솔깃한 선동정치에 국민이 자신도 모르게 빠져드는 특성 때문에 비도덕적 정치인이 자주 애용하는 방법이므로 냉철히 보지 않으면 부지불식간에 넘어갈 수 있어, 국민은 정치집단이나 정치인의 행위를 냉철히 판단하고 선동정치를 일삼는 자를 걸러낼 수 있도록 참정권 행사를 신중히 해야 할 것이다.

대한민국은 잠재적 독재자가 대통령에 당선될 적기

이탈리아의 무솔리니, 독일의 아돌프 히틀러, 베네수엘라의 우고 차베스 등 많은 독재주의자가 폭력 전과, 도덕성 등의 흠결이 있는 잠재적 독재자의 기질이 있었음에도 사회가 불안정한 시기를 틈타 그들이 가진 좋은 언변과 대중 선동 능력을 최대한 이용하여 국민을 선동하는 데 넘어가 국민이 선거에서 당선시켜 줌으로써 결국에는 국가를 독재정치로 바꾸어 국가와 국민에게 씻을 수 없는 상처를 준 역사가 있었다.

우리나라는 현재 극단적 정치 양극화로 국민이 크게 양분되어 오직 내 편만이 선이라는 어수선한 분위기 속에 오직 집권에만 목적이 있는 잠재적 독재자가 나타난다면 과도한 선거 포퓰리즘을 이용해서라도 대통령선거에서 꼭 승리하여 정권을 잡으려 할 테니, 이런 시기가 잠재적 독재자가 출현하기 가장 좋은 시기로 보이며, 혹여 잠재적 독재자가 집권한다면 작금 우리 사회가 자유민주주의 가장 큰 적인 방종에 물들고 있어 전제주의 독재체제로 몰고 갈 충분한 명분까지 축적된 셈이므로 우리나라는 큰 위기를 맞을 것 같다.

우리나라 대통령선거는 극단적 정치 양극화 속에 표심이 거의 35% 정도씩 가지고 있어 대통령 후보자들은 정치적 양극화된 자기편 그룹을 잘 유지하면서 중도파의 표심을 누가 15% 정도를 가져가는가에 선거의 당락이 결정되는 구조로서 양극화로 사회불안이 큰 지금이 선동정치인이 발을 붙이기에 아주 적기인 것 같다.

국가의 최고 지도자를 선출하는 제도가 다수결에 의한 민주주의적 제도라 할지라도 가장 훌륭한 사람이 뽑히기보다는 그 시대의 트렌드에 맞도록 국민을 잘 선동한 사람이 뽑힐 가능성이 크다는 것을 알 수 있다.

과거 세계적인 독재자들과 같이 언변이 뛰어나고 선동정치에 능하며, 질이 나쁜 범죄 전과가 있거나, 과거 기관장 시절 행정사무를 독재적으로 처리한 사례가 있거나, 말 뒤집기를 자주 하는 등의 비양심적인 정치인이 있다면 잠재적 독재자의 기질이 충분할 것이므로 차라리 자질이 조금 부족하더라도 양심적인 사람을 대통령으로 뽑아야 할 것 같다.

우리나라가 겪는 대통령제의
부작용과 대안

필자는 정치나 법을 전공한 사람이 아닌 보통 사람이지만 우리나라에 현재 살고 있는 평범한 보통 사람으로서 우리나라의 대통령제 정치체제로 인해 나라가 겪고 있는 단점을 직접 피부로 느껴온 바를 분석하고 검토한 결과로서 대통령제의 폐지를 주장한다. 필자의 주장이 반드시 옳다고 생각지도 않고, 모든 사람이 다 동의할 거로 생각하지는 않지만, 우리나라가 처한 현실이 하도 안타까워 검토하고 나름대로 분석해 보았다.

우리나라가 그동안 대통령제로 지내왔지만, 문재인 대통령 정권 이전까지는 정치적 양극화, 선동정치, 선거 포퓰리즘, 집단이기주의, 국민의 도덕 불감증 등이 점점 심해진다는 느낌은 받았지만, 그래도 감당할 수 있는 수준이었던 것 같다.

하지만 문재인 대통령 정권에 들어오면서 극단적 정치 양극화가 극도로 심화하여 국민의 편가르기가 심하게 일어나 온라인 환경이든 오프라인 환경이든 양 진영이 극한 대립으로 일관하여 이제는 치유하기 어려울 정도로 국론이 분열된 상태이고, 극단적 정치 양극화와 맞물려 국가의 이익은 외면한 채 오직 자신들이 속한 정치집단의 재집권 내지 집권에만 초점을 맞추어 대부분의 정책이 표만 의식하는 정책들로 눈만 뜨면 정치권에서는 선동정치가 판을 치고 있다.

제20대 대통령선거에서 후보자들이 국가의 장래는 어찌 되든 오직 집권만이 목적이어서 표만 얻기 위해 쏟아내는 온갖 선거 포퓰리즘으로 국가의 안보 위기는 물론이려니와 국가의 재정을 비효율적이며 형평성이 없는 분야에 다 쏟아 부어 국가의 재정파탄 위기를 맞고 있다. 이러한 정치권의 복합적인 영향으로 집단이기주의가 성행하면서 온갖 관공서, 대기업 사옥 앞, 전국의 가로 등에는 시위 플래카드가 도배될 정도로 난무하며, 도덕적 해이 현상과 도덕 불감증이 전 사회로 번져가고 있어 대한민국이 안보 위기, 경제위기, 도덕성 위기로 사회 불안이 극도로 심각한 실정이다.

이러한 배경에는 우리나라가 취하고 있는 정치체제인 제왕적 대통령제에서 정치 양극화가 심해지면서 오직 자신들의 정당이 제왕적 권한을 가진 대통령을 차지하겠다는 권력욕에 눈이 멀어 국가에 봉사하려는 마음보다 집권만이 목적이 됨으로써 주객이 전도되어 일어나는 현상 때문일 것 같다.

이와 같은 정치문화가 한번 정착되면 근본적 해결 방법은 그런 정치인을 모두 바꾸어야 할 텐데, 현실적으로 가능한 방법이 아니므로 다른 해결 방법을 찾아야 할 것 같다.

대통령제를 채택하고 있는 나라 중에서 국제적으로 영향력이 큰 나라는 미국, 러시아가 있으며, 그 외에 우크라이나 등 동유럽 몇 나라와 캐나다를 제외한 아메리카 대륙의 대부분 나라일 것 같다.

민주주의 종주국이라는 미국도 근래 트럼프 대통령 집권 후부터 정치적 양극화가 심화하면서 미국인들이 크게 걱정하는 실정이며, 러시아는 푸틴 대통령이 2036년까지 36년간을 혼자서 통치할 수 있도록 독재체제를 구축해 놓고, 히틀러와 비슷하게 국내 반대자를 억압하면서 우크라이나에서 수만 명의 희생될 수밖에 없는 영토 확장 전쟁을 일으키고 있다. 대통령제를 채택했던 베네수엘라, 브라질, 페루, 칠레 등 남미의 여러 나라에서 독재 대통령이 출현하여 국민이 큰 고통을 받았던 사례가 있었으며, 또한 여러 나라에서 우리나라와 같이 정치적 양극화가 일어나고 있다고 한다.

반면에 세계적인 정치체제로 대통령제와 함께 쌍벽을 이루는 의원내각제를 채택하고 있는 나라들은 영국, 독일, 스페인 등 서유럽의 대부분 국가와 호주, 뉴질랜드, 일본, 캐나다 등으로 국가와 사회가 비교적 안정된 대부분의 나라가 의원내각제를 채택하고 있다.

의원내각제의 핵심은 국민이 지역구에서 뽑거나 비례대표

로 선출한 의회의 다수당이 국회의원 중에서 행정부의 수장인 총리나 수상을 지명하는 간접선거 방식으로서 의회에서 지명된 행정부의 수장이 국민의 신임을 잃게 되면 언제든 다시 선출하는 정치체제이다.

따라서, 의원내각제는 지역 선거구와 비례대표로 뽑는 국회의원의 권한의 한계성으로 인하여 국회의원선거에서 국가 재정이 파탄이 날 정도의 선거 포퓰리즘이 발생할 일도 없을 것이다. 행정부 수반을 당에서 지명하며 국민의 신임을 잃으면 금방 교체되므로 선동정치가 발붙이기도 어려울 것이며, 대통령선거마다 대통령을 배출하려는 정치집단 간의 치열한 선거운동으로 인해 생기는 국민 편가르기가 없어져 극단적 정치 양극화가 일어날 확률도 크게 줄일 수 있다고 생각된다.

필자는 이러한 대통령제의 폐단을 보면서 일본의 정치체제인 의원내각제를 인터넷을 통하여 살펴보았으며, 독자들에게 참고가 되도록 주요 부분을 번역하여 부록으로 실었다.

일본의 정치체제는 삼권분립 하에서 의원내각제를 선택하고 있으며, 일본의 의원내각제는 국회가 지역구에서 선출하거나 비례대표인 중의원과 참의원으로 구성되는 2원제 국회이며, 중의원을 구성하는 다수당이 단독 또는 연립하여 여당을 구성하고, 여당의 책임으로 중의원 중에서 내각총리대신(총리)을 선출하며, 총리가 내각을 구성하여 국정을 책임지고 운영하며, 총리의 불신임이 커지면 여당의 책임으로 중의원 중에서 다시 선출하는 것으로 되어 있었다.

일본은 국회에서 총리를 지명하는 간접 선출 방식이고, 총리가 지나치게 독선적으로 국정을 운영하여 국민의 신임을 잃게 되면 언제든 여당에서 다른 인물을 세울 수가 있어, 총리의 임기가 보장되지 않는다.

일본의 의원내각제는 항상 여당에서 총리를 배출하므로 우리나라와 같이 국회의 다수당 출신이 아닌 대통령이 선출되었을 때 국회가 대통령의 국정 운영에 발목을 잡아 정상적인 국정이 불가능하여 국가가 혼란 상태로 빠지는 일도 없을 것이다.

총리를 지명하는 중의원은 소선거구에서 선거에 의해 선출되는 289명과 비례대표 176명으로 구성되므로 구조적으로 중의원 후보자는 소선거구제인데다 비례대표이므로 선거 포퓰리즘을 쏟아낼 권한이 없으므로 우리나라의 대통령 후보자들과 같이 선거마다 선거 포퓰리즘을 쏟아내 국가적으로 큰 문제가 생길 걱정도 없다고 생각되었다.

의원내각제는 선동정치, 선거 포퓰리즘, 대통령선거마다 치열한 경쟁으로 생기는 편가르기를 막을 수 있을 것이며, 선거로 인해 생기는 막대한 사회적비용도 없앨 수 있는 정치체제로서, 정치가 안정된 캐나다, 호주, 뉴질랜드, 일본 등과 영국, 독일을 비롯한 서유럽 국가 대부분에서 의원내각제를 채택하고 있는 나라들로부터 그 장점이 충분히 증명될 수 있는 것 같왔다.

미국은 연방 체제로 연방정부, 주 정부, 지방자치단체가 상호관계를 맺으면서 독립적인 정부 체제를 이루고 있으며, 주 정부에도 입법부, 사법부, 행정부가 있어 주마다 법률이 약간씩 다르고, 상원의 동의로 내각의 장·차관을 임명, 외국과 조약을 체결, 연방의 주요직, 대사, 연방대법원 판사 등을 임명할 권한을 가진다. 이러한 점을 비교해 보면, 세계에서 가장 강력한 권한을 가졌다는 미국의 대통령보다 오히려 우리나라의 제왕적 대통령 권한이 훨씬 크다고 할 수 있을 것 같다.

대통령제이면서 국회가 단원제인 나라는 선진국 중에서는 우리나라가 유일한 것 같으며, 이러한 정치체제의 단점이 바로 근래 우리나라가 겪고 있는 극단적 정치 양극화의 원인일 것이라는 충분한 근거를 주고 있는 것도 같다.

전문가가 아닌 일반인이 상식적으로 생각해도 정치인은 국가와 국민을 위해 봉사하는 대통령이 되려는 사람보다는 제왕적 권한을 가진 대통령을 해보려는 사람이 훨씬 많을 것이며, 대통령에 대한 욕심이 많은 정치인일수록 권력욕이 앞설 것이므로 선동정치, 국민 편가르기, 선거 포퓰리즘 등의 온갖 부도덕한 짓을 할 수밖에 없을 것 같다.

의원내각제는 국회에서 다수당이 행정부 수반을 뽑으므로 다수당이 항상 안정된 의석수를 확보할 수는 없으므로 정치색이 비슷한 당들과 언제든 연합하여 연합 여당을 구성한 후 행정부 수반을 뽑는 경우도 생길 수 있어, 지금 우리나라와 같이 오직 여당과 거대 야당만이 교대로 정권교체를 이루므로 다당제를 취하고 있지만 소수당의 역할이 미미해져 대통령선거 때만 되면 표를 끌어모으기 위해 거대 양당에 소수당의 통폐합이 일어나고, 그를 노리고 반짝 창당하는 소수당들이 생겨나는 문제점들이 완화될 수 있으므로 진정 다당제의 목적에도 부합하는 정치체제가 될 것 같다.

우리나라도 정치적으로 안정된 일본, 캐나다, 호주 등의 나라와 영국 등 서유럽 대부분의 나라에서 채택하고 있는 의회제인 의원내각제를 조속히 비교하고 검토하여, 정치제도를 바꾸는 일만이 국가를 망하는 길로부터 구하는 유일한 길일 것으로 확신한다.

제5장

국가를 파멸시킬
안보불감증과
이데올로기

국가를 파멸시킬
안보불감증

필자는 군사 전문가가 아니므로 이런 글을 쓰는 것조차 어색한 일이기도 하지만, 국가가 풍전등화의 안보 위기를 겪고 있는데도 대통령, 여야 정치집단 등 모두 자기 일이 아닌 양 먼산만 바라보고 있는 것 같아 하도 안타까워 필요한 자료조사도 하고 상식을 동원하여 쓴 글이므로 독자들은 오죽하면 필자와 같은 보통 사람조차 나라 걱정에 이런 글을 쓸 수밖에 없을까, 하는 측면으로 이해해 주기 바란다.

제2차 세계대전 종전 직후 1945년 12월 모스크바에서 열린 미국·영국·소련의 3개국이 제2차 세계대전의 전후 문제 처리를 위해 소집한 외상 회의에서 소련의 신탁통치 주장을 받아들여 한반도가 남·북한이 갈린 분단의 아픔을 겪게 되었으며, 1950년 북한은 남한의 군사력이 약한 틈을 타 6·25전쟁을 일으켜 엄청난 국가적 비극이 발생하였으며, 한 나라가 2개로 분리되어 가공할 만한 군사력을 가지고 상호 대치하고 있는 나라는 세계적으로 우리나라가 유일할 것이며, 6·25전쟁을 일으킨 예측이 불가능한 북한 정권은 남한 사회의 불안정과 군사력의 균형이 맞지 않을 때는 언제든 전쟁을 일으켜 북남 공산주의 통일을 노리고 있을 것이다.

군사 전력은 전차, 장갑차, 군함, 전투기, 총 등 실제 전투에서 사용할 수 있는 무기를 지칭하는 대칭 전력과 핵무기, 생화학무기, 탄도미사일 등 대량 살상과 기습공격, 게릴라전이 가능한 무기를 지칭하는 비대칭 전력으로 구분하여 비교한다. 비대칭 전력은 대칭 전력보다 훨씬 적은 비용으로 더 치명적인 위력을 발휘할 수 있으므로 남한보다 경제력이 약한 북한으로서는 핵무기, 생화학무기, 탄도미사일 등 대량 살상과 기습공격에 필요한 비대칭 전력에 집중할 수밖에 없었을 것이며, 그러한 성과로 현재는 많은 핵무기와 생화학무기 등 가공할 만한 비대칭전력을 가진 국가가 되었다.

북한이 여러 기의 핵탄두를 가지고 있으며 핵무기를 더욱 고도화하고, 많은 생화학무기, 장사정포, 특수부대 등을 보유한 상태에서 남한이 국론분열로 사회가 불안정한 상태에다 지상군마저 사상 최약체인 실정이므로 북한은 호시탐탐 언제든 군사작전을 펴 북남 공산주의 통일을 위한 만반의 전쟁 준비를 하고 있을 것으로 예측된다.

전쟁을 일으키기 위한 군사력의 불균형을 살펴보면 첫째는 비대칭 전력의 불균형에 의한 전쟁과 둘째는 전차, 장갑차, 군함, 전투기 등 대칭 전력의 불균형에 의한 전쟁으로 나누어 생각할 수 있을 것 같다.

비대칭 전력의 핵심인 핵무기는 게임 체인저(game changer)로 간주되는 절대 무기로 핵무기를 보유한 나라와 보유하지 않은 나라 간의 전쟁 승패를 비교하는 것은 의미가 없는 일일 것이며, 이미 제2차 세계대전에서 핵무기 2개로 일본을 단번에 패전시킨 역사가 이를 증명하고 있다.

첫째 비대칭 전력의 불균형에 의한 전쟁은 북한은 현재 핵무기를 보유하고 있는 반면 남한은 핵무기를 보유하고 있지 않아 전쟁이 일어날 가능성이 매우 큰 실정이며, 그 실례로 우크라이나가 미국, 영국, 러시아 등의 꼬임에 빠져 핵무기를 모두 폐기한 후 핵무기를 가지고 있는 러시아가 영토 확장의 욕심으로 온갖 구실을 대며 우크라이나를 침략하여 무차별 도륙을 저지르고 있는 참담한 현실이 이를 증명하고 있다.

전쟁의 승패에서 가장 중요한 핵무기를 북한이 가지고 있으므로 한반도에 전쟁 억지력을 유지하는 방법은 북한의 핵무기를 제거하거나, 남한이 핵무기를 보유하여야 함에도 지금의 상황에서는 두 가지 방법이 모두 가능해 보이지 않은 방법이다. 결국에는 핵무기를 보유하고 있으면서 우리나라와 밀접한 동맹관계를 맺고 있는 미국의 핵우산 아래에 있는 방법이 가장 현실적인 방법라는 것은 중학생도 알 수 있는 일이다.

둘째 대칭 전력의 불균형에 의한 전쟁은 그동안 우리나라가 꾸준히 군사력 증강과 군의 무기 고도화에 투자해 온 덕에 2022년 미국의 군사력 평가기관인 GFP에서 발표한 세계 군사력 순위에서 남한이 세계 6위의 막강한 수준으로 북한보다 양과 질 모두 절대 우위에 있어 북한이 감히 도전할 엄두도 낼 수 없었다. 하지만 문재인 정권이 들어선 이후 전쟁을 수행하여야 하는 군대 조직의 특성상 가장 중요한 기강을 쏙 빼 버려 이제는 전투할 군인들이 없는 정도로 심각한 상황이 되어 있어 북한 정권에게 북남 통일의 강한 빌미를 주고 있는 것 같다.

세계 2위로 강한 군사력을 갖고 있지만 단지 대통령의 지시로 전쟁에 참여하여 정신무장이 약한 지상군을 가진 러시아를 비록 세계 22위의 군사력이지만 고도로 훈련되고 정신무장이 된 지상군의 우크라이나가 각 전장에서 승전하고 있는 모습을 보면서 세계는 군사력보다 지상군의 중요성을 깨닫는 계기가 되었다.

그동안 한반도에 전쟁억지력으로 강력히 작용하였던 주한미군이 만일 철수하게 된다면, 많은 생화학무기와 핵무기를 보유한 북한은 육탄전, 시설점령, 시설탈환 등 군사작전의 최종 수단이 되는 지상군의 전력이 남한과는 비교가 안 될 정도로 세계 최강의 수준이므로 남한이 심각한 국론분열로 사회가 불안정하고, 독재체제인 북한 공산주의와 중국 사회주의를 선호하는 이데올로기에 빠진 집단이 정부 고위층의 지도자부터 온 사회에 퍼져 있음을 이용하여, 일부 지역에서 공산주의 선호 사상을 가진 사람들을 부추겨 폭동을 일으키거나, 서울의 불시 기습에 의한 정부 주요 시설 함락 등 다양한 군사작전을 포함하여 남한 정권을 전복시키기 위한 온갖 계획을 구상하고 있을 것으로 예측된다.

1968년 1월 당시 우리나라 군인의 기강이 서 있을 때임에도 불구하고, 북한의 무장 공비 31명이 야간에 몰래 휴전선을 넘어와 청와대 500미터 전인 서울 세검정 부근까지 진출하였다가 다행히도 불심검문에 발각되어 청와대 진격에 실패하였던 김신조 사건을 통하여 이미 기습공격의 용이성을 학습하였다. 이미 여러 번 실제 침투 내지 귀순을 가장한 침투 사례 등을 통하여 남한의 최전방, 해안가, 시설 등의 경계수준을 이미 상세히 알고 있으며, 북한의 육해공군의 전투 장비는 남한보다 절대적으로 뒤지므로 자신들의 최대 무기인 20만여 명이 넘을 것으로 추산되는 강하게 단련되고, 조직화하고, 정신 무장이 철저한 특수부대와 휴전선과 서울의 거리가 40여 km로 매우 가까운 점을 활용한 군사작전으로 불시 야간 기습공격을 감행하여 서울에서 시가전과 게릴라전을 펼치며 대통령의 체포, 대통령 관저, 국회, 언론사 등을 최단기간에 점령한 후 전세계에 북남 통일을 발표할 계획을 이미 갖고 있을 가능성이 매우 농후하다고 판단된다.

비상식적 사고를 가진 북한 정권의 입장에서는 이러한 작전을 시작한 이상에는 행여 남한의 강력한 저항에 부딪히게 되더라도 목적 달성을 위해서는 어떠한 짓도 저지를 정권이므로 북한이 보유하고 있는 생화학무기를 전쟁의 국면 전환용으로 국지적으로 사용할 수도 있고, 그래도 안 되면 핵무기라도 사용하여 전쟁을 반드시 이기려 할 텐데, 그때는 남한의 운명이 풍전등화의 위기라고 말할 수밖에 없을 것 같다.

우리나라에 주한미군이 주둔하는 한 미국과의 동맹관계가 잠시 소원해질 수는 있어도 근본적으로 깨지지는 않아 강력한 전쟁억지력으로 작용할 수 있지만, 주한미군이 철수한다면 북한의 뒤에는 중국과 러시아가 버티고 있으므로 북한이 전쟁을 일으킬 경우, 우크라이나에서 보듯 미국이 제3차 세계대전을 감수하면서 우리나라의 전쟁에 끼어들지는 못할 것이다.

우리나라는 어떤 상황에서도 가장 소중한 혈맹인 미국을 배신하지 말아야 하며, 우리나라에 핵우산을 제공해 주면서 전쟁억지력의 역할을 하는 주한미군의 철수는 우리나라를 절망의 구렁텅이로 밀어 넣는 일일 것이므로 모든 국민이 합심하여 우리의 혈맹인 미국을 배신하는 행위를 하려는 자와 주한미군을 철수하려는 자가 생긴다면 그들은 분명 이상한 이데올로기에 빠져 국가안보마저 내팽개치는 자들일 것이므로 가차 없이 우리 사회에서 격리해야 할 것이다.

주한미군의 주둔, 국론 통일에 의한 사회의 안정, 튼튼한 국가안보만이 전쟁억지력인데 사회 일각에서 앞뒤의 분간도 못하고 오직 이데올로기에 빠져 주한미군 철수 주장이 나오고 있으며, 대통령제의 부작용으로 국론분열로 인해 사회불안이 심화하고 있고, 오직 권력욕만 있는 집단에 의해 군의 기강해 이가 일어나 지상군의 전력이 가장 약한 지금이 북한이 북남 통일에 의한 한반도 공산주의화에 가장 군침이 도는 시기일 것으로 생각된다.

국가안보가 튼튼하고 사회가 안정되었을 때는 남파 간첩들이 조금 있다고 한들 별 문제가 없겠지만, 우크라이나의 전쟁에서 보듯 동서지역 갈등으로 국론분열에 의한 사회불안과 안보 위기가 겹쳐 러시아가 침략하였듯이 지금 우리나라가 국론분열로 사회가 불안하고, 최약체의 지상군을 보유한 안보 위기의 시기에 공산주의 이데올로기에 빠져 북한을 선호하는 종북 집단이 이 사회를 지배하게 된다면 국가의 장래는 참으로 암울하다 할 것이다.

이러한 안보 위기에도 대통령이 되겠다는 일부 정치집단은 튼튼한 국가안보에 의한 전쟁의 억지력이 아닌 평화를 위한 전쟁 불가론을 펴거나, 종전 선언과 미군 철수론 등을 고집하며, 국가의 안위에는 관심도 없고 오직 정권욕에만 매달리고 있음을 보면서 과연 그들이 단지 정권욕 때문인지 아니면 북한에 국민이 모르는 책이 잡혀있는 정말 간첩인지조차 알 수 없다고 많은 국민이 걱정할 수밖에 없는 상황이 되어 있다.

앞에서 언급한 대로 우리 대한민국은 대통령제의 부작용으로 극단적인 양극화에 의한 국론분열로 사회가 극도로 불안한 상태이며, 군대에까지 사고방지에만 초점을 두는 정책을 폄으로써 전쟁을 수행하여야 하는 군대에 가장 필요한 기강이 없어져, 군인이 사고를 지키는 군인으로 전락하여 전방이나 해안의 경계근무 소홀은 물론이고, 그런 군인이 과연 전쟁을 수행할 수 있을지 자신할 수 없는 실정이며, 역대 최대의 안보 위기를 맞고 있음에도 정작 그 위기를 못 느끼는 안보 불감증이 우리나라를 파멸로 몰고 가고 있는 것 같다.

북한에 전쟁의 구미를 당기게 만들어주어 전쟁이 일어나는 순간에는 전쟁에서 이기든 지든 나라에는 이미 상상할 수도 없는 어마어마한 불행을 맞을 수밖에 없음을 알고, 그런 불행한 사태가 생기지 않도록 미국과의 동맹관계를 굳건히 하고, 국론 통일에 의한 사회불안을 방지하고, 튼튼한 국가안보를 유지하는 길만이 평화를 지킬 수 있음을 헛된 정권욕만 있는 정치인들도 깨닫고, 이상한 이데올로기에 빠져 국가를 풍전등화의 위기로 빠뜨리고 있는 행위들을 제발 멈추어야 할 것이다.

새로 취임하는 윤석열 대통령은 이러한 점을 감안하여 안보 불감증에서 깨어나 튼튼한 자주국방으로 전쟁 억지력을 달성하는 국가안보를 제일로 하고 국가안보를 허물어트리는 가장 큰 원인이 되는 대통령제의 폐단인 극단적 정치 양극화에 의한 국론분열을 해소할 수 있도록 우리나라 정치제도의 변경과 국민통합에 온 노력을 기울여야 할 것이다.

사회를 붕괴시키는
이상한 이데올로기

이데올로기(Ideologie)란 개인이나 사회 집단의 사상, 행동 따위를 이끄는 관념이나 신념의 체계로 쉽게 말해서 사람들의 신념이나 행동에 영향을 주는 사상을 말한다고 하며, 프랑스의 철학자 데스튀트 드 트라시가 1801년 자신의 저서인 『관념의 과학』에서 처음으로 제시된 용어이나, 지금까지도 사용하는 사람들끼리 개념의 정의가 일치하지 않아 종종 논쟁이 생긴다고 한다.

다양한 이데올로기가 존재하는 현대 사회에서는 이데올로기 사이에 대립과 갈등이 존재하기도 하는데, 이때 사회 변동이 일어날 수도 있고, 갈등과정을 통해 선택된 이데올로기가 나아갈 방향을 제시하게 되어 사회를 좋은 방향으로 변화시킬 수도 엉뚱한 방향으로 변화시킬 수도 있다고 한다.

민주주의 사회는 다양화된 사회이므로 공산주의를 선호하

는 사람도 사회주의를 선호하는 사람도 있을 수는 있지만, 지금 우리 사회에 번져 있는 이상한 이데올로기는 상대 정권의 정책은 좋든 싫든 모두 부정하는 과정에서 자연적으로 생긴 이데올로기 같긴 한데, 우리나라에 보통 사람으로서는 이해가 되지 않은 6·25전쟁을 남침이 아니라 북침이라거나, 천안함의 피격사건에 대해 여러 증거를 들어 합동조사단은 북한의 어뢰 공격으로 침몰한 것이라고 발표했음에도 천안함 피격은 남한의 자작극이라 하는 등의 북한의 편을 드는, 즉 공산주의를 선호하는 이데올로기에 빠진 사람들이 정치집단을 이루거나 정부 요직을 차지하고 있는 것 같아 국민을 당혹하게 만들고 있다.

박정희 대통령을 독재주의자라며 독재를 가장 싫어하는 듯하면서 독재국가인 북한과 중국을 선호하는 이중적 잣대를 보이는 정치집단의 사람들과 국가 유공자보다 세월호 피해자 가족들이 더 소중한 것처럼 행동하는 사람들이 가지고 있는 이상한 이데올로기의 정체를 정확히 알 수는 없을 것 같다.

그동안 미국이 주한미군을 유지하기 위하여 막대한 예산을 쏟아부으면서 우리나라에 전쟁억지력을 제공해 주었음에도 일부 정치집단이 그 고마움을 모르고 이상한 이데올로기에 빠져 마치 친구를 배신하듯 우리나라의 가장 소중한 혈맹인 미국을 배신하는 행동을 자주 하고 있음은 박정희 대통령의 집권 전에는 아프리카의 최빈국 수준이었던 우리나라를 이처럼 잘 사는 나라로 만드는 결정적인 역할을 했던 박정희 대통령을 이상한 이데올로기에 빠져 단지 독재자일 뿐이라며 엄연한 현실을 부정하면서 평가절하하고 배신하는 행위와 같다 할 것이다.

작금 우리나라의 국론분열 상태를 보면 엄연히 존재하는 사실조차도 의도적으로 조작하는 이데올로기에 빠진 집단과 평상시처럼 자기 일에만 충실하면서 살아와 이데올로기가 무엇인지조차 모르는 집단들로 편가르기가 양분되어 벌이는 국론분열처럼 보이기도 한다.

우리는 많은 경험으로부터 국가든 회사든 모든 조직이 무너지는 것은 외부의 적보다 내부의 적이 훨씬 더 위험했었음을 잘 알고 있다. 우리나라가 위기 상황에 있는 지금, 민주주의를 부정하고 실제로 이적행위를 하는 집단에 의해 국가가 쉽게 붕괴할 수도 있으므로 그 배경을 확실히 조사하여 강력한 응징이 필요할 것이며, 그런 사상에 물이 든 사람들의 정신을 개조함은 매우 어려울 터이므로 차라리 그들이 좋아하는 북한으로 보내주는 것이 더 좋은 방법일 수 있다고 생각되는데 그들은 어떻게 생각하며 과연 필자만의 생각일지 궁금하다.

제6장

국가의 기본적 기능들을
모두 포기하고
오직 사고 방지

세월호 사고 이후
사고방지 외의 정책은 없다

많은 인명피해를 가져온 세월호 사고를 통하여 우리나라는 국민이 가지고 있던 안전사고 불감증을 일깨우고, 선박 운행 시 차량 고정 문제뿐만 아니라 유사한 모든 분야의 구체적 안전사고 예방지침을 마련하여 개선하고, 안전사고 예방점검을 제도적 확실히 시행하는 등의 필요한 개선 조치를 집행하면서 다시 일상으로 돌아갔어야 했다.

하지만, 집권을 만들어준 고마움에 도취하여 문 대통령과 민주당 정권은 오직 사고, 사고, 사고, 사고에만 집착한 나머지 모든 사회 분야를 사고방지 구조로만 바꾸다 보니, 국가의 모든 분야에서 근본 목적은 상실되고 주객이 전도되어 사고를 막는 일만 하도록 변형되어 나라의 근간이 무너져 내리고 있는 것 같다.

국가를 운영하는 정부가 해야 할 가장 중요한 책임들로는 국민통합, 국방, 경제, 국민의 올바른 의식 수준 고취인데 어느 분야도 정상적인 게 없어 보인다.

사람이 사는 세상에는 어디든 정신질환자의 행동과 같이 별별 일이 다 있을 수 있는데, 상급 병사가 하급 병사를 괴롭히는 일이 있었다고 그 일을 완전히 없애려는 듯 군인들의 상·하급자의 관계를 마치 갑과 을처럼 대비시키며 사고마다 상급자 또는 부대장 처벌 위주 정책을 펴게 됨으로써 전쟁 시 적과 생명을 걸고 싸워야 하는 군대라는 조직의 특성상 기강이 가장 필요한 조직임에도 군대의 기강을 완전히 허물어트려 군인이 군인의 역할을 못 할 정도로 만들어 놓은 것 같다.

그러다 보니 국민의 입에서 군인이 나라를 지키는 게 아니라 사고를 막기 위해 존재하는 군대가 되어버렸다고 회자하고 있을 정도로 국가가 해야 할 가장 중요한 책임인 국가안보를 아예 내려 놓아버려 우리나라가 어떤 외세의 침략을 받아 국민이 일제 36년의 식민지 생활보다 더 비참한 생활을 하게 될지 예측하기조차 어려운 상황에 몰린 것 같다.

그러다 보니 전방에서 북한군이 GOP 철책을 넘어 최전방 초소의 문을 노크하여 귀순하는 일이 일어나고, 해상으로 선박을 몰고 와 동이 틀 때까지 대기하다 귀순하기도 하고, CCTV 앞에서 버젓이 월북하기도 하여, 북한에서는 우리나라의 철책, 해안가, 관공서 등의 경계수준을 이미 상세히 잘 알고 있을 테니, 향후 어떤 사태가 돌발될지 아무도 모를 수밖에 없을 것 같다.

경제는 국민이 잘 먹고, 잘 입고, 잘 자고, 잘 생활하도록 의식주를 향상하는 일인 만큼 기업인들이 활발하게 사업을 할 수 있는 여건을 마련해 주고 지원해주는 일이 국가의 중요한 책무 중의 하나임에도 기업인과 노동자의 계층 간 갈등을 부추기며 선거에서 표수가 많은 노동자 편에만 서는 노조편향정책에 매달려 있는 것 같았다.

또한 중대재해법 등을 만들어 기업인을 잠재적 구속 범죄자로 만들어 기업인의 기업 활동을 위축시킴으로써 점점 외국인 투자가 줄고, 산업이 위축되어 일자리가 감소할 수밖에 없는데도 청년 일자리가 일반 일자리와 다른 마치 별도의 일자리인 것처럼 청년 일자리 타령만 하며 청년들을 현혹 및 선동하기도 하고, 선거에서 표를 얻기 위해 국민을 현혹할 수 있는 허울 좋은 내세우기식의 정책에 집착하며 정작 국가의 산업경쟁력 향상에는 관심조차 없어 보인다.

국가가 하여야 할 또 하나의 중요한 책무는 국민의 윤리·도덕 수준을 높여 국민이 민주주의의 가장 약점인 표면상 자유를 내세운 방종에 빠져 온 사회가 부정에 휩싸이지 않도록 교육하는 것이다. 과거 박정희 대통령의 집권 이전과 비하면 국민의 소득 수준이 몇백 배 좋아졌지만 OECD 국가 중 최하위권을 유지할 정도로 처져 있는 국민의 삶 만족도를 높이기 위해서도 국민이 물질 만능주의에 빠지지 않도록 윤리·도덕 교육이 매우 필요함에도 정부는 이 책임을 아예 포기하고 있었던 것 같다.

교육 분야도 마찬가지로 국민이 느끼기에는 지나치게 편향적인 역사관을 가지고 있는 전교조 회원들이 버젓이 역사 왜곡을 일삼고 그를 바탕으로 학생을 가르치고 있으며, 학부모와 학생의 인권만을 강조한 나머지 사고가 나면 교사 처벌에 집중하다 보니, 교권이 추락할 대로 추락하여 학교에서 일부 학생이 선생님을 의도적으로 약을 올리고 일부 학생은 교사의 폭언 등에 대비하여 사진을 찍기 위한 휴대전화를 준비하는 사례까지 있다고 하니, 한 나라의 미래는 참된 교육에서 온다고 하는데 우리나라의 교육이 이렇게 망가져 있으니, 나라의 장래가 참으로 우려스러울 수밖에 없다.

이처럼 정부가 하여야 할 근본적인 책임조차 포기한 상태의 대한민국이라는 선박은 어디로 흘러갈지 참으로 예측하기 어렵게 된 위기 상황을 우리 국민과 차기 정부들이 절실히 깨닫고 특별 대책을 세워야 할 때다.

세월호 사고 후
사고방지 정책만 있는 비정상 국가

안전사고는 사고가 나지 않도록 예측과 대비할 수 있는 부분이 많이 있긴 하지만, 그럴 수 없는 부분도 꽤 많이 있다고 본다.

작업 시에 작업자의 컨디션이 안정되어 있어야 한다거나, 안전한 작업 방법과 순서를 모두 숙지하고 있어야 한다거나, 안전 장구를 모두 비치하고 착용하여야 한다거나 하는 등 모든 안전에 대해 대비했다고 해도 공사와 작업이 있는 한 안전사고를 완전히 막을 수는 없을 것이다.

현실은 모든 작업자의 컨디션이 항상 완전할 수도 없고, 사람이 신이 아닌 이상 모든 사고요인을 다 예측할 수도 없고, 작업 중에 새로운 변수가 추가로 생길 수도 있어, 안전사고를 크게 줄일 방법은 있으나 완전히 없앨 수는 없으며, 이는 우리가 아무리 조심해서 자동차를 운전한다 해도 사고를 아예 없앨 수는 없는 것과 마찬가지로 산업현장이 있는 한 안전사고를 완전히 없앨 수는 없다.

민주당 정부는 세월호 사고에 의한 안전사고가 자신들에게 정권교체의 기회를 만들어준 고마움 때문인지 사회의 모든 시스템이 마비되더라도 오직 안전사고만 방지하면 된다는 식으로 일관된 정책을 펴 오면서 중대재해처벌법도 만들고 별별 짓을 다 했는데도 여전히 대형 화재, 건설 현장 붕괴 등 안전사고가 끊임없이 일어나고 있는데 그게 모두 정부의 책임이라면 왜 대통령은 사임하지 않고 버티고 있었던 것인지 궁금하였다.

어느 정도 규모가 되는 회사는 대표이사가 작업자를 직접 관리할 수 있는 구조가 아닌 데도 중대재해처벌법을 만들어 사고가 나면 대표이사까지 엄하게 처벌한다고 하는데 어떻게든 사고를 줄이겠다는 의지는 이해가 되나, 큰 규모의 회사는 구조상 사고예방을 위한 부서장과 직접 작업을 책임지는 부서장들의 책임하에 운영되고 있을 수밖에 없다.

국가에서 해야 할 일을 일선 행정기관들이 소홀히 하여 중대 재해가 일어났다고 대통령까지 구속할 수는 없듯이 실질적으로 대표이사가 관장하지 않는 사내의 소소한 작업 실수로 일어난 여러 종류의 중대재해를 가지고 대표이사에게 책임으로 돌리는 것은 전혀 합리적이지 않은 것 같아 중대재해처벌법은 당연히 위헌요소마저 있어 보인다.

대표이사가 안전사고 실무를 하는 사업장은 총 사원 수가 적은 소기업 사업장에 한정될 정도인데도 정작 5명 이하의 소기업은 중대재해처벌법에서 제외하는 점을 보더라도 중대재해처벌법을 도입한 배경은 국민을 달콤한 말로 선동하려는 목적이 아닌가도 생각된다.

안전사고가 나면 사고를 일으킨 당사자인 작업자의 손해가 가장 크겠지만, 사업주나 관리자가 보는 손해도 매우 크기 때문에 사업주나 관리자가 일부러 고의로 사고를 내는 일은 거의 없다고 보아야 한다. 중대재해처벌법을 만들어 우리나라 기업의 모든 대표이사가 회사를 운영하는 일보다 사고를 막는 일에 전념하여야 한다면 기업인이 위축되어 사업을 열심히 할 수 없을 터이므로 국가의 수출경쟁력은 점점 떨어질 것 같은데 과연 누구를 위해 만든 법인지 모르겠다.

세월호 사고 이후 우리나라는 "안전 불감증"이 문제가 아니라 이제는 오히려 "안전 과민증"이 더 문제가 되는 심각한 사고 후유증을 앓고 있으므로 향후 대통령들과 정치집단은 국가와 국민을 위해 선동정치에 매달리지 말고 본래 국가의 모습으로 회복하여 주기를 바라는 마음이 간절하다.

기업인들의
극심한 사기 저하

자기 돈과 온 정열을 투자하여 회사를 설립하고 기업을 키워 온 기업인들이 있어 우리나라가 이만큼 비약적인 경제 발전을 이룩하였는데 이들 기업인이 노동조합에 치여 경영을 제대로 못 하고, 실질적으로 관장하지 않은 작업으로 일어난 중대 재해를 사업주나 대표이사에게 책임을 묻고, 정부의 원자력 발전의 퇴출, 국제적으로 온실가스의 선제 감축 등으로 수출품의 생산원가는 크게 상승할 수밖에 없어 수출 부진으로 인한 산업 생산력이 감소할 수밖에 없는 현실을 보면서 기업인의 사기는 점점 떨어져 가고 있는 것 같다.

정치권에서는 우리나라 대기업 그룹군이 국가 경제를 일으키는 데 이바지한 공로가 얼마나 큰지를 충분히 알고 있을 터이고, 대기업이 있어야 중소기업이 존재한다는 것쯤은 중학생만 되어도 알 수 있을 텐데도 툭하면 대기업과 중소기업을 대비시키면서 대기업 그룹군을 일종의 사회악처럼 취급하는 이상한 이데올로기에 빠져 국민을 선동하는 정치권의 행태가 국민을 위함이라고는 전혀 생각되지 않는다.

국가 수출액의 1/3 가까이 차지할 정도로 국가 경제의 커다란 축을 감당하고 있는 기업의 총수에게 훈장을 수여하고 지원하지는 못할지언정 툭하면 불러들이고, 구속하곤 하는 것을 지켜보는 대기업 경영인들의 사기는 더욱 떨어져 가고 있을 것 같다.

민주당 정권의 대기업과 중소기업, 기업인과 노동자라는 이분법적으로 대비시키며 자신들은 다수의 약자 편이라는 선동정책으로 말미암아, 우리나라 경제 발전의 큰 축인 대기업이 무너질 위기이고, 거기에 노조편향정책으로 기업인들의 사기가 떨어지고, 중대재해처벌법으로 언제 사고가 나 구속될지도 모르는 위기를 감수해야 하는 기업인이 이제는 사회적 약자가 되어 있으니, 거꾸로 상대적 약자인 기업인을 보호하는 기업인보호법이라도 마련해야 할 것 같다.

이제부터라도 대통령과 정치집단은 청년만의 일자리를 늘리기 위하여 엄청난 정부예산을 직접 쏟아 부어 청년 일자리 몇 개를 늘리는 근시안적인 우매한 정책에서 벗어나, 기업인이 생산원가를 절감하고 기업경영의 사기를 앙양할 수 있는 정책을 펴서 기업 활동이 활발하게 됨으로써 자연적으로 청년들의 일자리뿐만 아니라 우리나라 모든 세대의 일자리가

늘어나도록 하는 중학생이라도 알 만한 현명한 정책을 펴기
를 바라는 마음이 간절하다.

세계 최고의 수출산업을
망가트리는 데 앞장서는 정치권

국제적으로 원자력은 청정에너지에 속한다는 주장이 우세할 정도로 원자력은 온실가스를 거의 배출하지 않는 경제적인 에너지원이며 잘 관리만 하면 안전한 에너지원으로 인정되고 있어, 일본은 우리나라와 비교가 안 될 정도로 지진이 심하고, 2011년 동일본대지진으로 후쿠시마 원전의 방사능 누출로 큰 고생을 하면서도 국가의 산업 보호를 위하여 조급한 탈원전 정책을 쓰지는 않는 것 같다.

하지만 우리나라는 단 1인도 사망하지 않았던 경주, 포항의 지진을 보고, 우리나라가 심각한 지진 발생지역일 수 있다고, 원자력 발전이 존재하면 마치 국민의 생명을 금방이라도 앗아갈 것처럼 호들갑을 떨면서 국민을 부추기며, 원자력을 단기간에 폐지하려고 시도함으로써 세계 최고 수준인 원자력 발전의 건설 산업을 한순간에 망가트리고 원자력 발전의 급격한 폐쇄로 전력 단가가 상승하여 수출품의 원가도 상승하게 되고 결국에는 우리나라의 수출경쟁력 저하를 피할 수 없는 상황으로 몰고 갈 것 같다.

세계적으로 가장 많은 온실가스를 배출하는 미국과 중국도 기후변화협약 초기에는 자국의 산업을 보호하기 위한 목적으로 국제적인 기후변화협약의 가입에 소극적으로 대처하여 유럽 등 여러 나라로부터 지탄을 받아오다 마지못해 각종 기후변화협약에 동참하였다고 한다.

필자는 우리나라도 에너지 다소비 국가이지만 미국 및 중국 정도 규모의 에너지 소비 국가는 아니어서 국제적으로 심한 주목을 받는 국가는 아니므로 다른 나라들의 진행 상황을 지켜보며 수출 주도형인 우리나라의 수출 원가 상승이 상대 국가들과 비슷한 수준으로 상승하도록 국제적 보조를 맞추어 탄소중립 정책을 추진하여도 될 텐데, 외국 정상들의 인기를 얻기 위한 전략인지는 모르겠으나, 나라의 산업이 망가지는 것도 아랑곳하지 않고 다른 나라보다 선제적으로 감축하겠다는 것을 보면서, 우리나라가 큰 위기를 겪고 있는 국론분열을 해소하는 일이 더 급한데 거기에는 왜 노력을 쏟지 않는 것일까, 의아해 했다.

우리나라가 본격적으로 산업화를 시작한 후 60년 이상이 지났지만, 2019년 기준으로 태양광, 풍력, 지열, 폐기물 등의 재생에너지의 비율이 5.13%이고, 수소 에너지, 연료전지 등의 신에너지 비율이 0.23%로 그 비중이 근소한 점은 우리나라가 신재생에너지의 사용 여건이 그만큼 어렵기 때문이라는 반증일 것이다.

그런데도 문재인 정권의 탈원전 정책과 선제적 온실가스 감축 정책으로 조기에 약 30%의 발전 전력을 감당하는 원자력발전과 약 35%를 감당하는 석탄화력발전을 폐지하면서 신재생에너지 등으로 대체한다는 계획이 과연 실현 가능성이 있는 계획인지 매우 의문이 들 수밖에 없다.

국제에너지기구(IEA)는 세계적인 에너지공급원으로 원자력이 차지하는 비율이 2020년 5%에서 2050년 11%로 오히려 늘어남으로 인하여, 원자력이 탄소중립에 상당히 기여할 것으로 전망한다고 한다. 우리나라는 온실가스 감축에 크게 기여하는 원자력을 줄이고도 거꾸로 온실가스를 다른 나라보다 선제적으로 줄이겠다고 하니 도저히 이해가 가지 않는다. 만약 억지로 그 계획을 달성한다면 우리나라는 에너지 원가의 상승으로 수출산업이 모두 고사할 텐데 그런 생각은 들지 않았는지 궁금하다.

청정에너지 사용과 온실가스 감축은 세계의 일원인 우리나라도 당연히 참여해야 하는데 필자가 이것을 부정하려는 것이 결코 아니며, 단지 대통령이 우리나라가 다른 나라보다 온실가스를 선제적으로 감축하겠다고 천명하여 각국 정상들로부터 박수받는 일보다 차라리 박수받지 못하더라도 국가와 국민을 위하여 우리나라의 산업경쟁력을 크게 하락시키지 않도록 국제적 보조에 맞추어 온실가스를 감축하는 일이 더 현명한 정책이 아니냐는 측면을 말하고 있는 것이다.

제20대 대통령선거에서 대통령 후보자들은 너도나도 온실가스 감축을 더 많이 추진하겠다고 야단법석을 떠는 것을 보면서 역시 문 대통령과 같이 국가에 손해가 되는 정책을 선거에서 국민을 현혹해 선동하는 방법으로 사용하고 있다는 생각이 들면서 이제 선동정치가 우리나라의 정치문화에 깊숙이 뿌리를 박아 버렸다는 현실을 절감하지 않을 수 없었다.

작금의 우리나라 산업경쟁력을 필자가 주관적으로 살펴본 바로는 철강과 조선업의 경쟁력 저하가 현저하고, 우리나라의 주력 수출산업인 전자 및 반도체 분야도 미국, 일본, 중국, 인도 등 인적 물적 자원이 풍부한 국가들의 도전에 직면하여 언제 경쟁력을 잃을지 불안한 상태이며, 자동차 분야는 겨우겨우 선진국들의 뒤를 쫓고 있는데 작금 우리나라가 추진하는 정책들로 인하여 향후 생산원가가 상승으로 수출경쟁력이 크게 저하할 수밖에 없으며, 우리나라가 경쟁력이 컸던 화학 산업은 원가에서 유리한 산유국들의 화학공장 설치 등으로 도전이 심화하고 있으며 마찬가지로 생산원가 상승에 의한 수출경쟁력의 저하가 크게 우려되고 있다고 생각된다.

향후의 경제정책이 나라의 운명을 결정짓는 중요한 시기임에도 정치권에서는 우리나라의 경제가 지금과 같이 영원히 좋을 것으로 생각하면서 수출품의 생산원가가 급격히 상승하는 정책을 경쟁적으로 먼저 추진하겠다고 야단법석이니, 지금의 세대들은 선배들이 일구어 놓은 부에 도취하여 이만큼 잘살고 있음이 마치 자신들의 공로인 양 착각하고 잔치만을 벌이려는 것 같아 과연 우리나라가 어디까지 추락할지 알 수가 없을 것 같다.

우리 국민은 냉정해지어 정부가 추진하더라도 불합리한 정책이라고 판단되면 과감히 반대하고, 대통령선거 때마다 나타나는 표를 얻기 위한 목적만으로 국민을 현혹하는 겉보기에 허울 좋은 정책과 선거 포퓰리즘을 일삼는 대통령 후보자에게 표를 주지 않도록 해야 하지만 그런 판단이 보기보다 쉽지만은 않아 보여 안타까움이 크다.

제7장

세월호 사고 후
불같이 번지는
도덕 불감증

온 사회에 물감처럼
번져가는 방종

"자유(freedom)"는 법, 규정, 관습 등 사회적 약속을 지키면서 다른 사람이 가지는 권리를 침해하지 않는 선에서 자신이 하고 싶은 일을 자유롭게 하는 행위이지만 "방종(self-indulgence)"은 법, 규정, 관습 등 사회적 약속을 지키지도 않고, 다른 사람이 가지는 권리를 침해하면서 자신만을 위하여 제멋대로 행동하는 잘못된 행위다.

아무리 헌법에 보장된 권리로 각종 자유가 있다고 하여도 법, 규정, 관습 등 사회적 약속을 지키며 다른 사람이 가지는 권리를 침해하지 않는 선에서 자신의 권리를 누리는 자유만이 있을 뿐이다.

우리 국민이 정치권이 만드는 편가르기에 휩쓸리면서 양심은 숨어버리고 오직 나와 내 집단의 이익을 위해 다른 이들로부터 금품이나 편의를 얻기 위하여 집단 시위에 참여하는 사람들이 점점 증가하는 것 같다.

전국의 광장, 관공서, 대기업의 정문 등이 집단들의 시위 (demo)장소가 되어 있고, 전국의 가로에는 집단별 투쟁 구호가 적힌 벽보로 도배가 되어 있음을 보면서 우리나라 전국 방방곡곡 어디라고 열거할 수 없을 정도의 많은 곳에서 양심은 접어두고 물질적 이득을 취하기 위한 시위장소로 사용하고 있는 것 같다.

우리나라는 세계적으로도 법이 가장 많은 나라 중의 하나일 정도로 온갖 상황에 맞는 온갖 법을 다 제정하여 놓았음에도 불구하고, 법에 호소하면 질 가능성이 크니까 단체시위를 통하여 선거에 목 매는 지자체장이나 정치권을 압박함으로써 시설물을 설치하려는 관공서나 사업주들로부터 최대한 반대급부를 우려내려는 이기주의에 나오는 방종의 산물인 것 같다.

노동조합의
무소불위 행위와 방종

노동조합의 출범은 과거 힘없는 노동자들이 기업인들에게 착취당하여 일한 만큼의 정당한 임금을 보장받지도 못하고, 노동조건도 열악하여 인권을 보호받지도 못하므로 약자를 보호하는 차원에서 노동자들이 법의 보호를 받을 수 있도록 노동조합이 출범되었을 것이며, 지금도 많은 중소기업 노동자들은 그러한 실정이다.

하지만 우리나라 작금의 강성 대기업 노조를 보면 힘이 점점 강해져 기업의 경영권까지도 간섭해 가는 기세이며, 우리나라 정치권의 최고 지도자들조차도 그들의 눈치를 보면서 편이 되어주어야 하고, 일부 노동조합의 노조인은 직장까지 세습하는 지경까지 와 있고, 대기업 노동자의 과도한 임금 상승분은 하청업체로부터 납품받는 부품단가의 하락으로 귀결되어 하청업체인 중소기업 직원들의 임금이 상대적으로 낮아져 결국에는 대기업 노동자가 중소기업 노동자보다 엄청난 급여를 받으면서도 오히려 끊임없이 중소기업 노동자들의 임금을 편취하는 결과로 나타나는 것 같다.

국민도 이제는 대기업 노동조합의 강성화로 인한 국가의 산업경쟁력이 약화하고, 외국인 투자자들이 우리나라에 투자하지 않을 것이며, 기업들은 해외로 빠져나가 결국은 국가 경제가 점점 추락하게 될 거라고 크게 우려하고 있다.

필자가 서울의 한 구립 도서관에서 책을 보고 있는데 밖에서 아주 시끄러운 노랫소리가 들리어 참고 있다가 집에 가려 도서관을 나와 보니, 그 소리가 매우 큰 스피커를 장착한 노조 차량에서 나오는 투쟁 노래 소리였으며, 한 노인이 노조 차량 운전자에게 도서관은 학생들과 여러 사람이 공부하는 곳이니 시끄러운 소리를 멈추거나 이동해 달라고 요청하고 있었으나 차량 운전자는 코대답도 안 하고 있었다.

한번은 수도권의 도시에 사는 딸집에 갔다가 이른 아침에 너무나 시끄러운 고음의 소리가 동네를 진동하고 있어, 이게 인근 교회에서 아침이라고 노래를 크게 틀어주나 보다고 생각하고 밖에 나가보니, 한 건설 현장 앞에서 스피커를 장착한 노조 차량에서 나오는 투쟁 노래 소리였다.

그런 것들을 보면서 다른 사람들의 이익을 심하게 해치면서도 자신들의 이익만을 위해 저렇게 심하게 노조 운동을 하여도 노조 운동을 하는 사람들은 누구도 못 건드리고, 노조 운동을 잘하면 정치인도 될 수 있고 역시 우리나라는 노조의 천국이구나, 이 사회가 과연 어디로 가고 있는 걸까 하고 걱정이 컸었는데, 이제는 한 수 더 떠 한 대통령 후보자는 아예 주4일 근무로 바꾸자고 하였는데, 물론 다양한 사회에서 노동자를 대변하는 정치집단의 주장들이 이해는 가지만 온갖 후보자들이 그런 식의 온갖 선거 포퓰리즘을 쏟아내고 있으니 문제이다.

정치권도 기업인과 노동자를 대비시키면서 기업인보다 많은 다수의 노동자를 편들며 국민을 선동하는데, 기업인들이 노동자들 수보다 훨씬 적긴 하지만 기업인들이 그 노동자들과 국가를 먹여 살린다는 것을 깨닫고, 이제는 선동정치를 멈추고 노사가 건전하게 상생하는 문화를 정착시키는데 더욱 진력함이 오히려 자신들이 할 일임을 깨달아 주었으면 하는 마음이 간절하다.

지금부터라도 국민에게 귀족노조라고 손가락질을 받는 대기업의 강성노조들은 자신들의 배만 불리는 과격한 노조 행태에서 벗어나, 노·사가 상생하는 건전한 노조 문화의 회복과 함께 하청업체에서 동종의 기술로 동종의 작업을 하는 중소기업 노동자들과의 임금 격차 해소에도 앞장선다면 국민에게 강성노조가 이제는 방종에 빠지지 않고 노동자의 자유를 누리는 건전한 노동조합으로 변화되었다는 평가를 받게 될 것 같다.

연예인 등 유명인들의 목숨을 앗아가는 마녀사냥과 댓글

마녀사냥(witch-hunt)은 유럽에서 15세기부터 18세기에 걸쳐 기독교를 절대화하고 권력과 기득권을 유지하기 위해 무고한 사람을 마녀로 몰아세워 화형을 시키는 행위였다고 한다.

사회적으로 많은 사람을 자극할 수 있는 예민한 문제들이 발생했을 때 그 진위나 사정을 확인도 하지 않고 외부적으로 나타난 문제만을 내세워, 매스컴, 인터넷 댓글 등을 이용하여 절대다수가 합세하여 특정 개인이나, 기업을 무차별 공격하여 치명적인 피해를 주는 행위를 현대판 마녀사냥이라고 한다.

매스컴과 인터넷의 발달로 이런 마녀사냥이 매일 일상과 같이 수없이 많은 장소에서 일어나고 있어, 지금도 어느 곳에서는 어떤 식으로든 마녀사냥이 일어나고 있다고 생각된다.

특히 다수의 누리꾼이 인터넷, SNS 공간을 통하여 특정 개인을 공격해 매장해 버리는 현상이 하도 많으니, 인터넷

(internet)과 근거 없이 반대편을 매도하고 억압하는 행위라는 매카시즘(McCarthyism)의 합성어인 넷카시즘(NetCarthyism)이라는 신조어까지 만들어낼 정도인 것 같다.

이런 일을 하는 사람들은 아무 죄의식 없이 재미로 할 수 있지만 옛 속담에 "무심코 던진 돌에 개구리는 맞아 죽는다."라는 말이 있듯이 거기에 희생되는 기업들은 회생 불능으로 파산을 할 수도 있고, 개인은 죽음으로까지 몰고 갈 수 있는 일이다.

실제로 이러한 피해를 본 상당수의 기업이 있고, 최진실, 설리, 구하라 등의 연예인과 최숙현, 고유민 등의 체육인들이 피해자라고 하며, 그 외에도 수많은 연예인과 유명인들이 죽거나 치명적인 피해를 보았으며, 유명인이 아니라 알려지지 않은 일반인들까지 합치면 그 피해도 이루 말할 수 없이 많을 것이다.

마녀사냥은 절대다수가 매스컴이나 인터넷 등을 이용하여 진위가 확인되지 않은 허위사실을 공개적으로 퍼뜨려 특정한 대상을 곧바로 파멸의 궁지로 몰아넣는 행위이므로 인민재판이나 여론재판이라는 말로까지 사용되는 것 같다.

네이버, 다음, 줌 등의 포털사이트 뉴스 댓글까지 합하면 하루에 80만 개가 넘는 댓글이 달리며 그 중 악성 댓글은 60만 개 이상인 것으로 추정된다고 하니, 지금 이 시각에도 너무나 많은 사람이 악성 댓글에 의한 마녀사냥에 시달리고 있을 것 같다는 생각이 든다.

　이제 우리 국민은 언론과 각종 포털사이트 등에서 벌이는 마녀사냥이 상대의 목숨까지도 뺏을 수 있는 중대범죄라는 사실을 알고 멈추어야 할 것이며, 각종 포털사이트도 중대범죄를 양산하여 사회에 혼란을 주는 댓글 시스템을 제도적으로 보완하거나 없애야 할 것 같다.

매년 세계 곳곳을 순환 방문하는
고위 정치인들의 외유성 여행

우리나라의 공직자들은 출장 견학을 핑계로 외유성 여행이 일반화된 것 같으며, 거의 권력의 크기에 비례해 권력이 큰 기관일수록 외유성 여행이 훨씬 더 많은 것 같다.

과거에는 우리나라가 후진국이라 선진국으로부터 배울 점이 많았고, 인터넷이나 통신도 지금 같이 발달하지 못하여 선진국의 경제와 문물을 받아들이기 위해서는 공직자들이 부지런히 해외에 가서 많이 보고 많이 배워 올 필요가 분명 있었을 것이다.

하지만 지금은 우리나라 제도 대부분은 거의 선진국 수준에 이르렀고, 오히려 일부는 더 잘 되어 있기도 하며, 인터넷이나 통신이 발달하여 필요한 정보는 쉽게 얻을 수 있기 때문에 과거처럼 해외 출장 견학의 필요성이 크게 준 것이 사실이다.

하지만 아직도 국회, 지방의회 등의 힘이 있는 기관일수록 예산편성의 용이함을 이용하여 해마다 자신들의 해외 출장비를 계상해 놓고 외유성 해외여행을 정례화하고 있는 것이 바뀌지 않고 있는 것 같다.

장기 근무하는 고위 정치인들은 해외 출장을 선진국 순으로 대부분 국가를 다 다니고 나면, 어떤 출장목적을 달든 남아메리카, 아프리카까지 관광지가 유명한 곳이면 모두 돌아가면서 다 가고 있는 것 같아, 국민의 세금으로 권력자들의 개인 여행 경비를 보태주고 있다는 느낌이 든다.

한국 사람들이 주로 방문하는 일부 해외의 유명한 방문시설에는 한국인 시설방문자들로 연중 문전성시를 이루다 보니, 유명 시설에 근무하는 현지인들이 한국은 돈이 얼마나 많아 같은 시설을 연중 견학하는 사람들이 저렇게 많을까 하고 의아해하며 한국 사람들을 이해할 수 없어 한다고 할 정도이다.

하지만 일반 회사는 출장비를 국가에서 지원받지 않고 회사에서 부담하여야 하니, 해외 출장이든 국내 출장이든 필요한 목적 외에 출장이 없을뿐더러 출장을 가더라도 대부분 목적 외 관광은 극히 제한될 수밖에 없는 실정이다.

우리 공직자들이 꼭 필요한 해외 출장은 가야겠지만 국가의 돈이라고 자신이 근무할 때 열심히 외유성 해외 출장을 가는 일은 국민을 기만하는 일이며, 도덕적 해이의 표상이므로 정신을 차려야 한다고 생각된다.

스스로 도덕적 해이에 빠져 있는 고위 공직자들이 그들이 관리하고 감독하는 기관의 공무원이나 일반인에게 도덕적 해이에 빠져있다고 호통을 친다면, 그들이 과연 속으로는 어떻게 생각할지를 알고 있는지 본인들의 양심에 물어보아야 할 것 같다.

전 사회에 번져가는
도덕적 해이와 도덕 불감증

도덕(Moral)이란 "인간이 지켜야 할 도리나 바람직한 행동 규범"이라 하며 불감증은 "감각이 둔하거나 익숙해져서 별다른 느낌을 갖지 못하게 되는 일"이라 한다.

법은 "질서를 유지하고 사회가 유지되기 위해 정의를 실현함을 목적으로 하는 국가의 강제력을 수반하는 사회적 규범 또는 관습"이라고 하므로 법과 도덕은 강제력을 수반하느냐 아니냐의 차이가 있을 뿐 법에 정해진 일도 국민이 지켜야 할 도리나 행동 규범에 속하므로 넓게는 위법 사항에 대한 불감증도 넓게는 도덕 불감증과 같은 사회악으로 포함하여야 할 것 같다.

도덕이나 위법 사항에 대한 불감증이란 "인간 또는 국민이 지켜야 할 도리나 바람직한 행동 규범이나 사회적 규범을 지키지 않는 행동에 대하여 감각이 둔하거나 익숙해져서 별다른 느낌을 갖지 못하게 되는 현상"이라 할 것 같다.

우리 인간은 자신의 행위에 대해 어떤 행위가 잘못된 행위인지를 대부분 판단할 수 있으며, 문제는 잘못하고도 거기에 익숙해져 양심의 가책을 받지 않아 뉘우침이 없이 반복적으로 그런 잘못을 계속한다는 데 심각성이 있다고 하겠다.

우리 인간은 처음으로 잘못할 때는 누구나 양심의 가책을 갖는데 그 일이 반복되어 가면서 점점 양심의 가책을 받는 수준이 약해지다가 결국에는 양심의 가책을 받지 않고 스스럼없이 반복하게 되므로 도덕 불감증을 바꾸어 말하면 양심 불감증이 될 것 같다는 생각이 든다.

어떤 잘못이 도덕 불감증으로 진행하는 일은 거짓말로 잘 설명할 수 있으며, 처음으로 부모나 친구에게 거짓말을 하면 누구나 양심의 가책을 받지만 같은 일에 대해 반복적으로 거짓말을 하다 보면 양심의 가책도 없이 천연덕스럽게 거짓말을 하게 되는 것 같다.

인간이 사는 세상에서 도덕적 불감증이 전혀 없는 사회는 없을 것이나, 현재 우리나라는 국민의 도덕적 불감증이 과거보다 심각한데 점점 심해지니 더 큰 문제이다.

도덕적 해이(moral hazard)란 법과 제도적 허점을 이용하여 자기 책임을 소홀히 하거나, 권한과 지위에 상응하는 책임을 제대로 지지 않는 경우 등이라 한다.

이 용어는 원래 경제학에서 나왔고, 한쪽이 상대를 완벽하게 감시할 수 없는 정보의 비대칭성이 존재할 경우, 정보를 지닌 쪽이 정보를 지니지 못한 쪽에게 손해인 행동을 하는 현상을 바로 도덕적 해이(moral hazard)라고 한다.

우리 사회의 잘못된 행위가 반복적으로 저질러져도 양심의 가책을 받지 않게 되는 비도덕적인 일과 위법 사항들은 너무나 많아 다 기술할 수는 없겠지만, 쓰레기를 투기하는 일, 교통질서를 지키지 않는 일 등의 경범죄 사항들과 도덕적 해이(Moral hazard), 누리꾼들의 악성 댓글, 바가지요금, 뇌물, 권력과 권한을 이용한 이권 개입, 정치권의 선동정치, 선거 포퓰리즘 등 그 종류는 모두 열거할 수 없을 정도로 많다.

우리나라의 발전과 성장을 가로막는 가장 큰 장애 중의 하나가 도덕 불감증이라 여겨지며, 도덕 불감증이 점점 커진다면 그 사회는 가만히 내버려 두어도 서로 간에 반목 등으로 인한 부작용으로 스스로 무너질 것 같다.

사람이 사는 사회는 어디든지 도덕 불감증이 없는 사회는 없을 테지만 지나친 것이 문제이며, 작금에는 점점 심해져 가고 있다는 게 더 문제이고, 이 또한 우리나라의 정치변혁과 무관하지 않음에 문제가 크다고 생각된다.

대부분의 국민이 우리 사회에서 일으키고 있는 도덕적 해이는 정치집단과 정치인들의 도덕적 해이의 영향을 받아 국민에게 급격히 확산하는 집단 및 개인이기주의에서 오는 현상일 것이므로 정치권과 국민 각자 자신들을 돌아보고 반성하면서 개선해 나가야 할 큰 과제임이 틀림없을 것이다.

제8장

일본과
지속적인 갈등의
진짜 목적이 무엇일까?

위안부 할머니들의 삶은 외면한 채
일본만 걸고넘어지는 국가와 시민단체

위안부는 제2차 세계대전 동안 일본군의 기만으로 강제적으로 징용되거나 인신매매범, 매춘 업자 등에게 납치, 매수 등 다양한 방법으로 징발되어, 일본군을 대상으로 성적인 행위를 강요받은 여성을 말한다고 한다.

일본군은 우리나라, 중국 등 점령국 여성들을 대부분 강제적으로 징발하여 여성의 최고 가치인 성을 짓밟았기 때문에 위안부로 고통을 겪으셨던 우리나라 할머니들은 육체적, 정신적으로 말로 표현하기 어려울 정도의 고통을 받으셨을 것이다.

위안부 할머니들을 지원한다는 시민단체는 위안부 할머니를 위한 후원금으로 한 기업으로부터 10억 원을 지원받는 등 엄청난 돈을 모금하여 모금액 중 위안부 할머니들을 위해 사용한 돈은 쥐꼬리만 하다고 하며, 후원자들의 성의를 배신하고도 모자라 모금액에 대한 투명한 회계처리도 하지 않았고, 대부분의 모금액이 단체의 운영비나 단체 대표의 사적비용으로 유용되었다 등의 사유로 검찰로부터 기소당한 상태라고 한다.

해당 단체의 전 대표는 그런 점 등이 높이 평가되어서인지 우리나라 최고 권력자 중의 하나인 국회의원을 하고 있다 보니, 많은 국민이 위안부를 위한 지원 목적은 허울일 뿐이고 실제는 애국하는 척하며 자신들의 명예와 권력욕을 채우기 위한 단체였을 것으로 의심하는 것은 충분히 합리적인 의심일 것 같다.

일본군 위안부 피해자 할머니들의 고생을 누구보다 잘 알고 그분들의 대부분이 연세가 많아 돌아가셨고, 생존해 계시는 몇 분들도 생존해 계실 날이 많지 않음을 아는 정부나 시민단체에서 과연 그분들에게 무엇을 해 드렸나 묻지 않을 수 없다.

정부나 시민단체에서 위안부 할머니들의 고생을 진심으로 알고 있어 도움을 드려야겠다는 생각이 들었다면, 그 할머니들이 살아계실 동안 편안히 생활하실 수 있도록 주거비와 생활비를 지원하더라도 국가 예산과 비하면 그 돈의 액수가 너무나 미미하여, 국민이 모두가 좋아했을 것이다. 그러나 국가는 그분들의 지원을 외면한 채 일본만 물고 늘어지면서 말로만 위하는 척, 애국하는 척하는 이중인격자들처럼 보여 필자로서는 정말로 이해가 안 간다.

만일 정치집단이나 시민단체가 군중심리를 이용하고, 보여주기식의 목적으로 위안부 할머니들을 위한다는 허울만을 내세워 집회를 하고, 권력욕 등 자신들의 이익을 채우기 위해 국민 선동만 일삼는다면 국민들이 국가나 시민단체가 하는 일을 모두 믿지 못하게 될 것이다.

위안부 할머니들을 위한 후원금을 모금한 잘못된 시민단체로 인해 우리 사회의 기부 문화에 얼마나 큰 악영향을 미쳤을지 안다면 죄의식을 느껴야 할 텐데 더욱 당당해 보여, 우리 사회의 도덕 불감증을 새삼 느낄 수밖에 없고 국가의 장래가 새삼 걱정되지 않을 수 없다.

한편, 우리나라와 같이 일본이 위안부를 징발해 간 중국을 포함하여 북한, 필리핀, 태국, 베트남, 말레이시아, 인도네시아 등의 다른 나라들은 그리 심하지 않은 거 같은데 왜 유독 우리나라만 삶이 얼마 남지 않은 피해자 할머니들을 도와주는 일에는 냉정한 채 일본과 갈등만을 일으키고 있는 것 같다.

이 또한 위안부 할머니를 위함이라는 명분을 내세우지만, 실제 목적은 시민단체 출신 국회의원이 말해주고 있듯이 정치집단이나 시민단체의 이득을 챙기려는 전형적인 선동정치의 일환이라고 생각될 수밖에 없을 것이다.

우리가 실질 지배하는
독도를 왜 부추겨 국익을 해치는가?

독도는 대부분 바위로 되어 있고, 그마저도 주변 해역의 파도가 강하며, 토지의 면적도 적어, 옛날에는 사람이 살 수 없었으므로, 한일 양국 어느 나라든 혹여 지도나 문헌에 자신들 나름의 이름을 넣어 기술할 수는 있었겠지만, 역사가 있을 수는 없는 암초 덩어리에 불과할 것이다.

하지만 독도는 울릉도와 가까워 예로부터 울릉도민들이 고기잡이 중 피난처로 사용하기도 하고, 나물을 채취하기도 했을 것이며, 그런 점에서 보면 울릉도에 부속된 우리나라의 섬이라고 생각된다.

하지만 한일 양국은 툭하면 언론을 동원하여 서로 역사적으로 자기네 땅이라고 주장하고 있고, 양국 국민의 99% 이상이 자국 의견에 동조하고 있는 것 같으니, 이 또한 양국의 정치권이 언론을 통하여 국민을 선동하는 선동정치의 산물이라고 아니할 수 없을 것이다.

우리나라는 세종실록지리지를 내세우며 "독도는 우리 땅"이라는 노래까지 만들어 국민이 애창하고 있을 정도로 역사적으로 우리 땅임을 주장하고 있고, 일본은 독도를 역사적으로 시마네현의 일부인 다케시마(竹島)라고 영유권 주장을 하고 있다.

만약에 사람이 살 수 없었던 암초에도 역사가 있다면 세계의 각 국가 사이에 있는 셀 수 없이 많은 암초의 역사 문헌을 찾아 나라별로 소유권을 인정해 주어야 하니, 역사 찾기가 얼마나 어려운 일일 것이며, 하늘에 떠 있어 사람이 살 수 없는 달과 별들에도 일일이 역사적 문헌을 찾아 나라별로 소유권을 인정해 주어야 하니 냉정히 생각해 보면 그런 사고가 얼마나 어리석은 일인지 금방 알 수 있을 텐데도 군중심리에 동화된 양국 국민은 이성을 찾기가 쉽지는 않은 것 같다.

한·일 양국의 정치인, 연예인, 언론은 마치 자신만이 애국하는 것처럼 앞을 다투며 독도를 대상으로 인기영합 행동으로 국민을 선동하는 행위를 하고 있는데 이는 양국 모두에게 이익이 되지 않음을 깨닫고 그만 멈추었으면 좋겠다.

또한 한일 양국 국민도 사람이 살 수 없었던 암초일 뿐인 독도를 이용하여 자신들의 존재감을 내세우기 위해 양국 국민의 감정을 악화시키는 해악까지 감수하면서 자신들만 애국하는 것처럼 내세우기 위해 국민을 선동하는 정치인, 언론, 연예인 등의 술수에 놀아나지 말고 냉정해져야 할 것으로 생각된다.

이웃 나라와 불행한
과거를 언제까지 걸고넘어질 것인가?

우리는 친구와 서로 놀이하며 보낸 좋은 시절도 있었고 때론 서로 싸우며 감정이 상했던 시절도 있었지만, 현재는 싸웠던 일들도 그냥 잊었거나 추억으로 삼을 뿐 서로 잘 지내듯이, 이웃하는 나라인 중국, 러시아, 일본 등과는 서로에게 문물을 전해주고 하던 좋은 역사도 있었고, 서로를 침범하여 괴롭혔던 나쁜 역사도 있었지만, 친구와 같은 인접국이므로 현재는 역사를 교훈으로만 간직하고 서로 사이좋게 보내야 함이 순리일 것이다.

  필자가 시골에 살아 본 경험으로 볼 때, 한동네에 사는 부모 세대들이 서로 싸우며 관계가 안 좋았다고 해서 후대의 자식들도 원수처럼 싸우고 사는 친구들을 볼 수가 없었으며, 우리나라의 법에도 "모든 국민은 자기의 행위가 아닌 친족의 행위로 인하여 불이익한 처우를 받지 아니한다."라고 연좌제를 부인하고 있다.

우리나라가 36년간 일본의 지배를 받으면서 아버지, 할아버지 세대들이 얼마나 고통을 당했을지는 누구나 다 아는 사실이고, 이 고통은 위안부 할머니들을 통해 더더욱 잘 알고 있지만 생존해 계시는 위안부 할머니 몇 분과 강제노역 또는 강제 부역한 할아버지, 할머니들 이제 몇 분 살아계시지 않고 시간적으로도 이미 반세기보다도 더 많은 세월이 지나갔다.

우리나라는 1965년 한일 청구권 협정에 의해 일본으로부터 3억 달러의 무상 자금과 2억 달러의 차관을 지원받았다. 필자가 생각해도 현재의 기준으로 보면 턱없이 부족한 금액을 받은 것 같긴 하지만, 이미 포괄적으로 합의하고 받은 걸 지금의 시점에서 판단하고 원망하면 무슨 소용이 있을까 싶다.

사실 필자는 그 분야의 전문가가 아니라 한·일청구권의 보상범위가 어디까지고, 그 보상을 받은 당시의 선택이 옳았는지는 잘 모르지만, 이웃 나라 간에 지나간 일을 가지고 계속 다툼을 일으켜 양국 국민에게 상처를 주고 경제적 손실을 보는 것은 옳은 처사가 아니라고 판단된다.

정치권이 국내에서 일으키는 그토록 많은 갈등마저도 부족하여 국제적 갈등까지 일으키며 자신들이 훨씬 더 국가를 위해 애국하는 척하며 국민을 선동하여 정치적으로 국민에게 인기 영합하려는 선동정책일 뿐이라는 생각이 강하게 든다.

과거에는 사업하는 친구 중에는 사업자금이 부족하여 친

구나 친지에게 돈을 빌리거나 담보를 빌린 후, 사업이 망하기 직전에 돈을 빌린 사람들을 불러 솔직히 자신의 처지를 말하고 일부 빌린 돈을 나누어 주면서 나머지 부분의 빚을 탕감받은 사례들이 꽤 있었지만, 세월이 흘러 그때 받은 돈이 부족하였다고 소송을 하거나 시비가 붙는 사례를 한 번도 본 적이 없다.

우리나라는 과거에 중국으로부터 많은 문물을 들여와 발전하였고, 다시 많은 문물을 일본으로 보내준 서로가 이웃한 형제 국가나 다름없는데 언제까지 과거사를 갖고 일본의 총리가 바뀔 때마다 사과를 요구하며 지낼 것인가 걱정스럽다.

하지만 당시 피해를 보았던 생존해 계신 우리나라의 어르신들 입장에서는 설사 70년이 지났어도 직접 당사자이므로 어떤 요구를 해도 정당하다고 본다.

우리나라도 이제는 중국이나 동남아시아의 모든 나라들처럼 일본에 괴롭힘 받았던 과거를 잊고 진정 이웃 나라인 일본과 서로에게 도움을 주려고 노력하여 국제적으로도 포용력이 없는 소인국이 되지 말고 포용력이 있는 대인국이 되었으면 좋겠다.

일본에 피해를 보았던 어르신들은 연세가 많으셔서 오래 살지 못하실 텐데 그분들의 고생을 이해하고 진정 도와주려는 마음이 있다면 그분들을 끌어들여 인기영합의 집단이익을 취하는 데 혈안이 될 일이 아니고, 국가나 시민단체가 나서서 그

분들이 돌아가실 때까지 잘 모시는 게 우리가 취할 실체적 도리라고 생각된다.

모든 분야 공무원 시험의 필수과목으로 한국사를 넣을 정도로 역사의 중요성을 강조하고 있는데, 일제 침략 당시 우리나라는 일본에 당할 정도로 국가안보가 소홀하였기 때문이었으므로 이제라도 외적에게 당하지 않도록 국가안보를 튼튼히 해야 하는 역사의 교훈은 정작 잊고, 국가안보를 소홀히 하면서 아직도 국내 갈등이 부족함인지 일본을 걸고넘어지는 국제적 갈등을 일으키고 있는 지긋지긋한 선동정치를 멈추었으면 좋겠다.

제9장

공수처가 진정 국가를 위한 선택이었나?

패스트트랙까지 동원하여
설치한 공수처 국가를 위함이었나?

문재인 정권에서 논란과 대립의 중심에 서 있던 공수처는 야당의 치열한 반대에도 불구하고 여당이 주도하여 패스트트랙 (fast track)이란 국회의 특별한 법률의 심의·통과 절차까지 동원하여 2020년 12월 15일 국회를 통과시켜 2021년 1월 1일 부로 시행되었다.

여당에서는 우리 사회에 꼭 필요한 법이므로 반드시 공수처법을 만들어야겠다는 의지였고, 야당에서는 공수처법은 악법 중의 악법이라 절대 이대로는 통과시킬 수 없다고 하면서 정치 관심이 없었던 필자는 생전 처음으로 들어보는 필리버스터 (filibuster)라는 제도까지 동원하여 국회에서 밤새 공수처법 통과의 반대 이유를 설명하는 등 야단법석을 떨었던 것 같다.

공수처법은 고위공직자와 그 가족의 비리를 중점적으로 수사 및 기소하는 독립기관으로서 검찰이 독점하고 있는 고위공직자에 대한 수사권, 기소권, 공소유지권을 이양해 검찰의 정치 권력화를 막고 독립성을 제고하며, 공수처는 정치적 독립성을 확보하여 고위공무원의 부패범죄를 엄중하게 처리할 수 있으며, 고위공직자의 권력형 비리나 수사기관 종사자가 연루된 사건을 독립적으로 수사한다는 점에서 특별검사제도를 상설화하는 것이라고 명분은 그럴듯하게 제시하였다.

하지만 야당과 많은 국민은 아래와 같은 이유를 들며 공수처법의 제정을 완강히 반대하였었다.

⦿ 다수 석을 차지하는 여당의 국회의장이 공수처장 후보를 추천하고 대통령이 임명하므로 인사권을 가진 여당이 공수처를 장악할 수 있어, 정치적 중립이 불가능하므로 정부와 집권당 고위공직자에게는 방패의 역할을 야당의 고위공직자에게는 창의 역할을 하게 할 수 있다.

⦿ 대통령과 여당이 사실상의 임명권을 행사하는 처장, 차장을 포함하여 수사처 검사의 수가 25명 이내로 임기 3년인 임명직이어서 검사의 정원수가 2,292명인 검찰청의 약 1/100 수준 크기의 조직이어서 장악하고 통제하기가 훨씬 용이하다.

⦿ 고위공직자의 대상에 사법부의 수장들을 비롯한 판사, 검사가 포함되어 있어 사법부를 실질적으로 장악할 수가 있으므로 삼권분립 제도의 근본을 훼손할 수 있다.

⦿ 경찰과 검찰로부터 모든 고위공직자의 수사권을 이첩받

을 수가 있고, 공수처가 별동대로서 정치적 반대파 인사들에게 표적 수사를 하곤 한다면, 나치 반대 세력을 무자비하게 탄압했던 나치 독일의 비밀경찰 '게슈타포'에 버금가는 역사에 큰 오명을 남길 만한 일을 할 가능성이 있다.

문재인 정부는 검찰이 자신들이 가진 권한을 남용하는 횡포를 막기 위함이라는데, 공수처 요원도 한국 사람일 뿐 우주에서 정직한 사람만 공수해 올 수도 없을 것이며, 공수처가 검찰보다 더 정치 권력화된 기관이 되면 공수처를 제어할 또 다른 권력기관이 필요할 건가 하는 의구심이 들며, 결국에는 집권당이 히틀러처럼 공포정치에 이용할 권력기관이 필요했던 게 아니었나 싶었다.

혹여, 정치권에서 권력의 욕심을 더 심하게 부린다면 삼권분립제도가 무력화될 수 있도록, 고위공직자 범죄법원을 행정부에 별도로 만들어야 한다는 제안이 나올지도 모른다는 생각까지 들었었다.

공수처법으로 인해 여야 극한 대립을 보는 국민이 자연스럽게 찬반 줄서기에 이끌려 극단적 정치 양극화를 더욱 키우면서까지 기왕에 공수처가 출범되었으니, 공수처장과 수사지휘관들은 당시 야당 등이 공수처법의 제정을 극구 반대하였던 이유가 정말 현실화하지 않도록 진정으로 국가를 위하여 정치적 독립의 의지를 확고히 갖고 양심적으로 직무를 수행함으로써 나치 독일의 비밀경찰 '게슈타포'에 버금가는 역사에 큰 오명을 남길 일을 하지 않기를 간절히 바란다.

제10장

판문점 선언은
누구를 위한 정책인가?

판문점 선언의
세부 내용별 문제점

한국전쟁(6·25전쟁)은 1950. 6. 25 새벽에 북위 38°선 전역에 걸쳐 북한군이 남침함으로써 일어난 한반도 전쟁이며, 1953. 7. 27 미국, 북한, 중국이 정전협정을 맺으며 전쟁이 정지되었으나, 남한은 이승만 대통령의 정전협정 반대로 그냥 휴전상태로 있으며, 국제연합군과 관련 당사국은 정전협정을 감독하기 위해 군사정전위원회를 설치하였고, 이후 군사정전위원회의 활동을 실행하는 중립국감독위원회가 설치, 운영되고 있다고 한다.

2018년 4월 열린 남북정상회담에서 문재인 대통령과 북한의 김정은 국무위원장이 연내 종전선언에 합의하는 내용 등을 담은 "한반도의 평화와 번영, 통일을 위한 판문점선언"을 공동 발표했다.

문 대통령은 2018년 남북정상회담에서 종전선언 합의 후 여러 번이나 종전선언을 관철하기 위하여 유엔총회 등에 방문하였고, 세계적인 한류열풍을 앞세워 BTS(방탄소년단)를 UN에까지 동반해 가면서 종전선언을 주장하는 등 끊임없이 종전선언에 집착하였다.

하지만 국민 반응을 보면 온갖 정치 문제에 대한 시각차와 마찬가지로 정치 양극화된 진영별 찬반의 의견 차가 역시 뚜렷한 것 같았다.

민주당을 지지하는 국민은 적극적이라 할 수는 없지만 어쨌든 많은 사람이 지지하는 반면에 국민의힘을 지지하는 국민은 여러 사례들을 들어 적극적으로 극렬하게 반대를 표명하고 있는 것 같았다.

아래는 판문점선언의 "3. 남과 북은 한반도의 항구적이며 공고한 평화 체제 구축을 위하여 적극 협력해 나갈 것이다."라고 한 세부 내용에 대한 필자 나름 검토해 본 내용이다.

◇ "남과 북은 그 어떤 형태의 무력도 서로 사용하지 않을 때 대한 불가침 합의를 재확인하고 엄격히 준수해 나가기로 하였다"고 하나 세계적으로 이성적이고 신뢰할 수 있는 정권으로 보고 있지 않은 북한은 언제든 불가침 합의를 깰 가능성이 다분하여 지켜질 수 없는 약속이므로 남한은 손해만이 있을 어리석은 합의이다.

◇ "남과 북은 군사적 긴장이 해소되고 서로의 군사적 신뢰가 실질적으로 구축되는 데 따라 단계적으로 군축을 실현해

나가기로 하였다"고 하지만, 수많은 생화학무기, 핵무기 등의 비대칭 전력을 보유한 북한의 입장에서 남한과의 전쟁에서 질 일은 없겠지만 남한이 경제력을 바탕으로 전쟁억지력을 유지하기 위하여 계속 증강시키는 대칭전력이 자신들에게 위협이 되고 있으므로 군축약속은 남한의 군사력 증강을 멈추게 하려는 의도가 깔린 것으로서 결국에는 남한의 안보능력만 약화시키는 결과가 될 것이다.

◇ "남과 북은 완전한 비핵화를 통해 핵 없는 한반도를 실현한다는 공동의 목표를 확인하였다. 남과 북은 북측이 취하고 있는 주동적인 조치들이 한반도 비핵화를 위해 대단히 의의 있고 중대한 조치라는 데 인식을 같이하고 앞으로 각기 자기의 책임과 역할을 다하기로 하였다. 남과 북은 한반도 비핵화를 위한 국제사회의 지지와 협력을 위해 적극 노력하기로 하였다."고 하나 북한의 비핵화를 위해 국제사회의 지속적인 경제제재에도 불구하고 북한은 눈도 깜짝 안 하고 핵무기 고도화를 지속해서 추진하고 있음을 이미 우리가 겪고 있는데도 "북측이 취하고 있는 주동적인 조치들이 한반도 비핵화를 위해 대단히 의의 있고 중대한 조치라는데 인식을 같이하고"라 함은 참으로 어이가 없는 일로 정부의 누가 그러한 글귀를 넣었는지 참으로 이해할 수가 없다.

합의문의 주요 내용별 문제점들을 추가로 아래와 같이 검토해 보았다.

판문점선언의 주요 내용별 문제점	
주요 내용	**문제점**
한반도에 더 이상 전쟁은 없을 것이며	비대칭 전력과 지상군의 크나큰 열세 속에 이런 자신감은 어디서 나온 걸까?
자주통일의 미래를 앞당겨 나갈 것	자주통일이란 주한미군 철수 후 북한의 적화통일을 의미하는 걸까?
우리 민족의 운명은 우리 스스로 결정한다는 민족 자주의 원칙을 확인하였으며	북한이 가장 바라는 바가 미군을 철수시키고 민족의 운명을 남·북한 스스로 결정하자는 것 아닌가?
쌍방 당국자가 상주하는 남북공동연락사무소를 개성지역에 설치	이미 남한의 비용으로 설치한 남북공동연락사무소를 북한이 일방적으로 폭파해도 그냥 받아들이지 않았나?
남북 적십자 회담을 개최하여 이산가족·친척 상봉을 비롯한 제반 문제들을 협의 해결	적십자 회담을 약속해 놓고 실제로 열려 제반 문제들이 다 해결되었나?
오는 8.15를 계기로 이산가족·친척 상봉을 진행	이산가족들의 염원인 이산가족 상봉은 약속해 놓고도 왜 안 열리는 걸까?
상대방에 대한 일체의 적대행위를 전면 중지	남북공동연락사무소를 북한이 일방적으로 폭파한 것이나 동해상에 수시로 발사하는 미사일이 적대행위 중지로 보이나?
한반도의 항구적이며 공고한 평화 체제 구축	이미 선언했으니 이제 남북한 국방력이 정말 필요 없게 되었나?
비정상적인 현재의 정전상태를 종식시키고 확고한 평화 체제를 수립	정전상태를 종식하고 종전선언을 하면 그동안 한반도에 전쟁억지력을 한 주한미군이 필요 없게 되나?
어떤 형태의 무력도 서로 사용하지 않을 때에 대한 불가침 합의	우크라이나의 예를 보더라도 군사력이 불균형한 채 영토보장이라는 종이쪽지를 믿어 큰 위기에 놓여있는데 종이쪽지가 국가안보를 책임져 줄까?
군사적 긴장이 해소되고 서로의 군사적 신뢰가 실질적으로 구축되는 데 따라 단계적으로 군축을 실현	국제사회의 부단한 압력에도 핵 포기를 안 해온 북한인데 남한만 국방을 포기하자는 건가?

올해에 종전을 선언하고 정전협정을 평화협정으로 전환하며 항구적이고 공고한 평화 체제 구축	이미 한반도의 항구적이며 공고한 평화 체제 구축을 선언했는데 종전선언이 왜 필요한가?
완전한 비핵화를 통해 핵 없는 한반도를 실현한다는 공동의 목표를 확인	완전한 비핵화를 통해 핵 없는 한반도를 실현한다는 공동의 목표를 확인했는데 왜 비핵화가 아직도 안 이루어지나?
북측이 취하고 있는 주동적인 조치들이 한반도 비핵화를 위해 대단히 의의 있고 중대한 조치라는 데 인식을 같이 하고	북측의 주동적인 조치들이 한반도 비핵화를 위해 중대한 조치라는 데 인식을 같이 하여 이미 비핵화가 이루어진 것처럼 되었는데 왜 북한은 핵 고도화를 계속 추진하고 있나?
양 정상은 정기적인 회담과 직통전화를 통하여 민족의 중대사를 수시로 진지하게 논의	왜 남·북한 문제를 다 합의하여 해결한 판문점선언이 이루어졌는데 직통전화는 왜 끊겼나?
문재인 대통령은 올해 가을 평양을 방문	판문점선언에서 천명했는데 왜 지켜지지 않으며, 이것 외에 선언내용은 향후 모두 100% 지켜질까?

종전선언, 진정 주한미군 철수를
노리고 벌이는 술수일까?

종전선언이란 전쟁의 당사국이나 관련국가 간의 협정, 합의, 조약 등을 통해 전쟁이 완전히 끝났다는 것을 선언하는 공동의 의사 표명이며, 종전이 선언되면 전쟁의 책임 규명을 포함한 전후 처리가 이루어져야 하고, 이를 바탕으로 전쟁 당사국 사이에 새로운 외교적 관계나 정치 변화의 가능성이 발생하게 된다고 한다.

종전은 전쟁이 완전히 끝났다는 의미이고, 정전은 교전 중 당사국들의 합의에 따라 국지 또는 전역에 걸쳐 적대행위 등 서로 전투를 중지한 것을 말하며, 휴전은 전쟁 중 교전국 쌍방의 합의에 따라 일정 기간 전투 행위나 전투 준비 행위를 정지하는 일을 의미한다고 한다.

북한은 남한과 비교가 안 될 정도의 핵무기, 생화학무기, 탄도미사일 등 비대칭 전력을 보유하고 있고, 남한보다 고도로 단련되고 정신 무장이 된 지상군을 보유하고 있으며, 남한은 군인들의 기강이 완전히 와해되어 있어 지상군의 전쟁 수행 능력은 고사하고 경계근무조차도 해제된 상태임을 이미 북한에서 전방, 해상, 수상, 육상으로 조난, 귀순 또는 그를 가장한 침투 사례들을 통하여 남한의 매스컴들이 모두 자세히 보도하여 주었기 때문에 속속들이 알고 있을 것이다.

만약에 주한미군이 철수하여 전쟁억지력마저 없어지게 되면 남한이 해공군력에서는 절대 우위에 있다고 해도 핵 위협을 하면서 지상군의 절대적 우위를 이용하여 수일 내에 서울을 점령할 수 있다고 생각할 것이며, 남한은 이미 싸움의 상대가 되지 않는다고 생각하고 있을 것이므로 북한으로서는 어떠한 합의나 약속도 손해 볼 일이 없을 것이므로 종전선언을 안 할 이유가 전혀 없을 것이다.

종전선언문에도 자주통일의 미래를 앞당기자고 선언했으니, 북한으로서 주한미군의 철수 요구는 당연한 후속 조치일 것이며, 제20대 대통령선거에서도 튼튼한 자주국방에 의한 전쟁억지력을 주장하는 후보에게 평화를 위한 전쟁 불가론을 피면서 전쟁이 좋은가 평화가 좋은가 라며 국가안보도 이분법적으로 접근하여 상대 후보를 몰아치고 있었다.

튼튼한 자주국방에 의한 전쟁억지력과 평화를 위한 전쟁 불가론은 국가안보 측면에서 하늘과 땅의 차이일 것이며, 평화를 위한 전쟁불가론자라면, 만약 북한이 핵무기로 전쟁을 협박하면서 평화를 선택할 테냐 아니면 전쟁을 선택할 테냐 한다면 남한을 통째로 내어주고 평화를 선택해야 마땅할 텐데, 참으로 어처구니없고 한심한 일들이 전 국민이 보는 TV 토론에서 벌어지고 있었다.

종전선언과 주한미군 철수는 국가안보를 위해 어느 사안보다 중요한 문제이기 때문에 반드시 국민의 합의가 필요한 사항임에도 불구하고, 국가의 안보를 책임진 대통령은 국민도 잘 모르다시피 독단적으로 종전선언을 추진하였고, 일부 제20대 대통령 후보들도 종전선언을 지지함을 보면서 그들이 남한의 국민인가 아니면 북한의 인민인가 생각될 정도로 터무니없는 행위로밖에 보이지 않았었다.

시중에 떠도는 말처럼 군대는 조직의 특성상 가장 필요한 게 기강인데 군대의 기강이 무너져 전투할 수 없는 정도인데, 문 대통령이 국민의 합의도 없이 누군가에게 쫓기듯 퇴임하기 전에 통과시키기 위해 서두르며 추진하는 과정이나, 종전선언의 시작이 된 판문점선언의 세부 내용이 오직 북한의 입장만을 담고 있다는 인상을 지울 수가 없는 점 등을 고려하면 북한에게 국민이 모르는 약점이 잡혀있음 때문이 아닌가 하고 의심하는 것이 충분히 합리적인 의심으로 볼 수밖에 없을 것 같다.

주한미군 철수, 진정 북한의 공산주의 통일을 만들기 위함인가?

주한미군은 제2차 세계대전에서 일본의 패망 후 미국, 영국, 소련의 외상들이 만나 합의한 모스크바 3상 회의에 따라 해방 이후 미 군정 시기부터 한반도에 주둔해 왔고, 6·25전쟁 기에는 유엔의 이름으로 공산군을 격퇴하기 위해 주둔하였으며, 정전협정 이후부터 현재까지는 한반도 및 동북아의 안보 위협에 대처하기 위해 주둔하고 있다고 한다.

미국의 해외파견 병력의 규모는 독일, 일본에 이어 한국이 3번째로 많다고 하며, 우리나라의 입장에서 보면 우리 한반도가 북한과의 비대칭 전략이나 지상군의 전력에서 남한이 절대적 열세임에도 불구하고 전쟁의 억지력으로 작용하고 있으므로 미국을 우방국으로 굉장히 고마워해야 하지만 북한의 입장에서는 남한에 핵우산이 되어주고 있는 주한미군이 눈엣가시일 수밖에 없을 것이다.

그동안 많은 과거의 정권들이 주한미군 철수가 불가피하게 된 상황에서도 북한의 군사적 위협이 계속되고 있어, 주한미군을 전쟁 억지의 중심적 역할로 보고, 주한미군을 계속 주둔시키는 데 각고의 노력을 기울여 왔던 것은 전대 대통령들과 우리 국민이 바보가 아니었음은 분명한 사실일 것이다.

아프가니스탄이나 베트남 등에서 미군을 철수하자마자 바로 내전이 일어나 강자가 약자를 제압하고 국가를 지배하였듯이, 북한이 핵무기, 화학무기 등으로 위협하며 세계 최고 수준의 특수부대원과 유전선과 서울의 거리가 매우 가까움을 활용한 군사작전으로 민간인 복장 등으로 기습침투에 의한 게릴라 작전을 감행한다면 수일 내에 서울의 국가 주요 시설들을 접수하여 북남 통일을 세계 각국에 선포할 계획을 세우고 것으로 추정할 수도 있을 것이며, 남한은 핵무기를 가진 북한에 대항도 제대로 못 하고 당할 수밖에 없을 것으로 생각한다.

현재 북한은 전단 살포 등의 사소한 이슈나 혹여 자신들의 비위에 거슬리는 사소한 남한의 행동에도 남한을 불바다로 만들겠다거나 엄포를 놓고, 심지어 남한의 대통령에게까지 입에 담기 어려운 욕설을 해대도 문재인 정권은 제대로 대꾸하지 못하는 것 같아 안타까웠었다.

북한은 2020년 6월 16일 대북 전단 살포 등에 대한 남한 당국의 대응을 문제 삼아 자신들의 비위를 건드렸다고 개성의 남북공동연락사무소까지 단번에 폭파하는 정도로 예측할 수 없는 집단인데 이를 알면서도 상호 평화를 지킨다는 종이 한 장의 약속이 지켜질 것으로 믿고 남한이 먼저 종전선언을 하자고 적극적으로 나서니, 도대체 순진한 건지 아니면 국민이 모르는 다른 숨은 의도가 있는 건지 참으로 어처구니가 없는 것 같다.

소련 해체 후 독립한 우크라이나는 전술 핵무기를 보유한 핵무기 강국이었으나, 세계적으로 영향력이 있는 러시아, 영국, 미국을 포함한 6개국이 1994년 헝가리 부다페스트에서 우크라이나가 핵무기를 포기하는 대가로 안보 보장, 공식 영토 확정, 경제지원 등을 보장하는 내용의 '부다페스트 양해각서'라는 종이쪽지를 믿고 핵무기를 전량 폐기한 결과, 우크라이나의 동서지역 갈등 등으로 국내 정치가 불안한 틈을 타 러시아가 영토 확장의 욕심으로 자국이 참여하여 작성한 각서조차 위반한 채 핑계들을 대며 침략함으로써 지금과 같이 절체절명의 위기에 놓여 있다.

한반도는 미국과 일본의 입장에서 보면 중국과 러시아의 진출을 막는 우크라이나만큼이나 중요한 지정학적 요충지에 있어 미국은 막대한 비용을 들이면서 한반도의 강력한 전쟁억지력으로 작용하도록 주한미군을 주둔시키고 있는데, 이러한 주한미군이 철수하여 만일 북한이 남한을 점령한다면 그때는 중국과 러시아가 뒤에 버티고 있기 때문에 미국과 일본으로도 어쩔 수 없이 한반도의 북한 공산주의 체제를 바라만 보고 있을 수밖에 없을 것이다.

　일부 정치 세력들이 이상한 이데올로기에 빠져 주한미군의 주둔은 단지 미국이 자국의 이익을 위해 주둔하는 것뿐이라고 매도하고 있는 논리와 비슷하며, 이러한 논리가 국가에 별 영향력이 없는 학술적인 논리라면 그냥 지나칠 수도 있겠지만, 국가안보 문제로서 국가의 존망에 관계되는 일임에도 이데올로기의 싸움처럼 빠져드는 집단들을 보면서 우리의 미래 세대를 위해 말할 수 없이 안타까운 일 같다.

　재외 우리나라 국민조차 비대칭 전략이나 지상군의 전력을 북한과 같이 갖추기도 전에 주한미군 철수를 합의하는 세력이 생긴다면 국가가 망하는 게 뻔히 예상되어 혹여 자신들의 조국이 잘못될까 봐 마음 졸이며 지켜보고 있고, 종전선언과 주한미군 철수 문제를 많은 국민은 국가를 팔아먹을 정도의 위험한 정책으로 보고 청와대 국민청원에도 올리고 반발이 극렬한 상태이다.

　종전선언과 주한미군의 철수는 북한이 가장 바라는 일일 것이므로 어느 정치집단이든 이를 실행한다면 그들은 국가를 통째로 팔아먹은 역사에 길이 남을 천추의 한이 될 매국노가 됨을 명심해야 할 것이다.

제2편

대통령, 국회,
사법부, 언론,
국민에게
바란다

대통령에게 바란다

새로 취임하는 윤석열 대통령은 풍전등화의 위기에 있는 대한
민국을 구할 책임이 있는 최고 지도자로서 전 정권들처럼 지
킬 의지도 없으면서 말로만 취임 공약을 하지 말고, 진정 행
동으로 실천할 수 있는 취임 공약을 해야 할 것이며, 또한, 국
민 반수의 지지로 당선되었다는 점을 잊지 말고, 나머지 반수
의 국민과 야당을 끌어안고 국민통합에 전력을 다해야 할 것
이며, 지금 우리나라가 처한 심각한 안보 위기, 경제위기, 도
덕성 위기의 가장 핵심적 원인이 제왕적인 대통령제의 부작용
임을 알고, 정치적으로 안정된 일본, 캐나다, 호주 등의 나라
와 영국 등 서유럽 대부분의 나라에서 채택하고 있는 의회제
인 의원내각제들을 비교·검토하여 조속히 국회와 함께 개헌을
위한 국민적 합의에 착수하여야 할 것 같다.

  윤석열 대통령의 정권이 끝난 후에도 필자와 같은 범부들이

나라 걱정으로 이런 책을 쓰게 된다면, 우리나라는 더욱 큰 재앙을 맞게 될 것임을 깨닫고, 제발 자신의 취임사를 집무실에 붙여놓고 매일 점검하면서 실천하여 진정 국가와 국민을 위해 봉사하는 정치를 해 주기를 바란다.

첫째, 의원내각제로 바꾸기 위한 국민적 합의에 즉각 착수하자.

우리나라는 과거 제1공화국과 제2공화국 때 잠시 의원내각제 형태의 정치형태를 가진 적이 있으나, 제3공화국 이후부터는 대통령제를 채택하여 오고 있으며, 그동안 제왕적 대통령의 권한에 욕심이 있는 정당들 간의 정쟁이 점점 심화되어 오긴 하였지만, 문재인 정권 이전까지는 그래도 어느 정도는 감내할 수 있는 수준이었던 것 같다.

하지만 세월호 사고로 정권을 잡은 문재인 정권부터 국민들이 정치를 잘 해보라고 국회의원 3/5 이상의 의석수를 밀어 주었건만, 민주당은 추진하는 대부분의 정책들이 국가와 국민을 위한 정책보다는 재집권을 위한 정책들로 국민의 감성을 자극하는 선동 정책과 사회 구성원들을 이분법적으로 나누어 계층 간의 갈등을 일으키면서 자신들이 다수의 약자 편임을 부각시켜 표를 얻으려는 인기 영합적 선동정책들과 탈원전정책, 선제적 온실가스 감축, 중대재해처벌법 등 수출품의 원가를 상승시키고 기업인들의 사업의지를 꺾는 정책들과 오직 사고방지에만 중점을 두게 되어 군의 기강 해이로 역대 최약체의 지상군을 보유하게 되었고, 교육계의 교권 추락 등 나라가 가야 할 방향타를 잃도록 만들어 온 것 같다.

게다가 나치 독일의 공포정치의 상징이었던 게스타포를 방불하게 하는 고위공직자범죄수사처를 만들기 위한 공수처법과 언론에 재갈을 물리려 한다는 언론중재법 개정안까지 들고 나오면서 여·야의 신뢰가 완전히 무너져 정쟁으로만 치닫게 되었다.

인기 영합적 각종 선동정책들, 공직선거법 개정안, 공수처법, 언론중재법 개정안 등을 반대하는 제1야당인 국민의힘과 민주당이 극심한 대립으로 피 터지는 정치권의 싸움을 보는 국민들도 자연스럽게 편가르기에 편승하면서 국민들이 크게 양분되어 점점 내 편과 네 편만 있게 되는 극단적 정치 양극화에 빠지고 국론분열이 극도로 심각해져 사회 불안을 가속화시켜 왔다.

제20대 대통령선거에서는 선거 포퓰리즘이 극한으로 치달아 한번만 더 대통령선거를 치르면 국가재정이 비효율적이며 형평성도 없이 지출되어 재정파탄이 분명해 보이며, 정권욕에 눈이 먼 대통령 후보자들은 군인들의 표만 의식하여 대통령의 가장 중요한 책무인 국가안보마저 내팽개치고 경쟁적으로 병사들의 휴대폰 지급, 병사들의 급여인상, 병사들의 전역 지원금 지급 등의 선거 포퓰리즘만 쏟아내었고, 심지어는 평화를 위해 전쟁불가론을 펴는 등 역대 정권 중 최대의 안보 위기를 맞고 있다.

제왕적 권한을 가진 대통령제에서 정치인들은 국가와 국민을 위해 봉사하는 대통령이 되려는 사람들보다는 제왕적 권한을 가진 대통령을 해보려는 권력욕에 눈이 먼 사람들이 훨씬 많을 것이며, 대통령에 대한 권력욕이 있는 정치인일수록 선동정치, 국민들 편가르기, 선거 포퓰리즘 등의 온갖 부도덕한 짓들을 할 가능성이 큰 것이 사실일 것이다.

모든 사회의 잘못은 사회에 적용된 시스템의 오류에서 오듯이, 이러한 국가의 위기들은 우리나라가 채택하고 있는 대통령제에서 제왕적 대통령을 해보려는 정권욕에 눈이 먼 정치집단들의 과욕에 의해 생기는 대통령제 정치체제의 부작용과 폐단에 의한 것임이 분명해 보인다.

제왕적 권한을 갖는 대통령제의 원조인 미국도 근래 극단적 정치 양극화에 의한 심각한 국론분열을 겪고 있고, 러시아는 푸틴 대통령이 반대자들을 억압하면서 혼자 36년 이상을 집권할 수 있는 독재의 발판을 마련하였고 우크라이나를 침략하여 무고한 사람들을 도륙하면서 영토 확장에 눈이 멀어있으며, 대통령제를 채택하고 있는 남미에서는 브라질, 베네수엘라, 페루, 칠레 등에서 독재 정권이 탄생하여 국민들에게 엄청난 고통을 주었던 사례가 있었고, 대통령제를 채택한 후진국들에서도 우리나라와 같이 정쟁에 의한 사회불안과 국론분열이 심한 나라들이 있다고 한다.

반면에 의원내각제는 국회에서 다수당이 국회의원 중에서 행정부 수반인 수상이나 총리를 뽑고, 그들에 대한 국민들의 불신임이 커지면 언제든 다시 선출하므로 제왕적 대통령보다 권한이 적고, 임기도 한시적이며 간선제이어서 선동정치, 국민들 편가르기, 대통령 선거마다 나타나는 선거 포퓰리즘 등의 온갖 부작용들을 크게 줄일 수 있을 것으로 예측된다.

일본, 캐나다, 호주 등과 영국, 독일 등 서유럽 대부분의 나라들과 같이 대부분의 선진국들은 의회제인 의원내각제를 채택하고 있으며, 의원내각제를 채택한 대부분의 나라들이 정치적으로 안정되어 있으므로 이는 의원내각제의 우월성을 반증하고 있다고 생각된다.

보통 사람인 필자는 대통령제와 의원내각제의 학술적인 원리나 장단점을 솔직히 잘 모르지만, 대통령제를 채택하고 있는 우리나라에서 심각한 부작용과 폐단들을 지금 몸소 겪고 있으므로, 세계적으로 대통령제와 내각책임제를 하고 있는 나라들의 실제 정치상황을 비교해 본 결과로도 우리나라가 취하고 있는 대통령제의 문제점이 너무나 큰 것으로 인식되어 의원내각제로 반드시 바꾸어야 한다는 생각을 갖게 되었다.

아직도 제왕적 대통령의 권력에 물들어 있는 정치집단이라면 국정운영의 책임 있는 대통령을 만들기 위해 연임이 가능하도록 하자거나, 대통령의 책임을 분산시키는 방법을 택하자고 하거나 하면서 국민들을 현혹시켜 대통령제를 유지시킨 채 대통령의 권력을 잡아보자는 꿍꿍이로 분명히 반대할 거란 생각이 든다.

하지만, 대한민국은 대통령제의 폐단이 정치, 사회 모든 분야에서 파급되어 절체절명의 위기 앞에 서 있으므로, 이번 윤석열 대통령 정권의 임기 내에 대통령제를 의원내각제로 바꾸지 않는다면 세월호와 함께 영원히 침몰할 위기를 맞고 있다고 생각되어, 조속히 우리나라에 적합한 의원내각제의 안을 마련하고, 다수당인 야당의 도움을 받아 윤석열 대통령 정권의 임기 내에 의원내각제로 개헌을 완료하기 위하여 국민적 합의를 시작하는 일이 우선일 것으로 생각된다.

둘째, 극단적 정치 양극화에 의한 국론분열을 막고 국민통합에 나서자.

마스크 착용 등 과학적 방역을 거부하여 정권 이양 시기에 이미 제2차 세계대전에서 죽은 군인들 사망자 수 40만 5천 명보다도 많은 국민이 코로나로 사망하게 하였고, 거짓말을 잘하고, 상대편 비방을 잘하는 미국의 트럼프 대통령이 선동정치를 폄으로써 미국 사회가 국론분열이 심화하여, 2020년 대통령선거에서 불과 4.5%의 근소한 차이로 바이든 대통령이 당선되었듯이, 우리나라도 제20대 대통령선거에서 불과 0.8% 차이로 윤석열 대통령이 당선되었음은 미국보다 더욱 심각하게 양분된 국론분열의 상태임을 보여주는 것 같아 엄청난 국가 위기를 예고하고 있는 것 같다.

양극화된 정치집단들의 지속적인 선동정치로 국민의 편가르기가 심화하여 국론분열에 의한 사회불안이 지속된다면 국가에 예기치 못한 큰 불행이 찾아올 것이므로 윤석열 대통령 당선인은 전 정권과 같이 말로만 국민통합이 아닌 실질적인 국민통합을 반드시 이루어야 할 것이다.

국회의원 등의 선거에서 당의 공천만 받으면 당선이라 국가에서 구태여 돈을 들여 선거할 필요조차 없는 호남지역의 비민주적 정치적 관행을 개선할 수 있는 국민통합 방안도 절실히 필요한 실정이다.

양대 집단의 지지기반인 호남과 영남의 지역적 갈등이 심화하여 사회불안이 더욱 가속화된다면, 핵무기, 화학무기 등 비대칭 전력과 세계 최강 수준의 지상군을 보유하여 기고만장한 북한은 우리나라에 이상한 이데올로기에 빠져있는 일부 정치집단을 부추기며 사회불안을 의도적으로 만들어 핵무기와 화학무기 등으로 위협하며 기습적으로 침략할 가능성조차 충분히 있다고 생각된다.

셋째, 선동정치를 없애기 위해 "선동정치판정단"을 발족하자.

국가의 전반적인 이익보다 선거에서 표를 얻기 위한 인기영합적 선동정책을 지금 중지시키지 못하면 우리나라는 극단적 정치 양극화의 심화, 선거 포퓰리즘에 의한 재정파탄, 국가의 안보 위기 등으로 국가를 수렁으로 빠뜨릴 것이 분명해 보인다.

문재인 정권의 선동정치의 근원은 많은 사람이 민주당 정권을 운동권 정권이라고 부르는 만큼 민주당에는 정권 반대운동, 학생운동, 노조 운동, 시민운동 등 운동권에 있었던 사람들, 즉 선동을 잘하는 사람들이 당의 조직을 주도하고 있었기 때문이 아니었나 하는 생각이 든다.

대통령 직속 기구로 "선동정치판정단"을 발족하여 정부 또는 국회에서 추진하는 모든 정책에 대해 국익에 손해가 가는 인기 영합적 정책인지를 사전에 검열받아, 그 검토 결과를 바탕으로 추진 여부를 판단하는 제도를 만들어 이 땅에 더 이상 선동정치가 발을 붙이지 못하도록 하여야 할 것이다.

넷째, 주한미군의 철수는 대한민국의 존재를 부정하는 일이다.

우크라이나는 소련 해체 후 많은 핵무기를 보유하여 핵 강국이었으나, 러시아, 영국, 미국 등의 꼬임에 빠져 1994년 헝가리 부다페스트에서 핵무기를 포기하는 대가로 안보 보장, 주권 보장, 경제지원을 하겠다는 "부다페스트 양해각서"라는 종이쪽지를 믿고 핵무기를 모두 폐기한 결과, 러시아가 영토 확장의 욕심으로 자국이 참여하여 작성한 각서조차 위반한 채 핑계들을 대며 침략하여 절체절명의 위기에 빠져 있다.

전 정부는 2018년 남북정상회담에서 합의한 "어떤 형태의 무력도 사용하지 않는 불가침 합의, 단계적 군축, 종전선언, 완전한 비핵화로 핵 없는 한반도를 실현, 북의 주동적 조치가 비핵화를 위해 대단히 의의 있고 중대한 조치라는데 인식을 같이 함" 등으로 구성된 "판문점선언"이라는 종이쪽지로 된 선언서를 믿고 북한이 남한을 절대 침공하지 않을 거라고 종전선언을 서두름을 보면서 도대체 순진한 건지 아니면 국민이 모르는 다른 숨은 의도가 있는 건지 참으로 이해하기 힘들었다.

남한이 세계 군사력 순위는 6위라 하지만 핵무기 등 비대칭 전력이 포함되어 있지 않고 병력도 단순히 양적인 비교일 뿐이므로 만일 주한미군이 철수한다면, 북한이 핵무기, 화학무기 등으로 위협하면서 20만여 명에 달하는 세계 최강 수준의 특수부대원을 휴전선과 가까운 서울에 기습적으로 투입시켜 게릴라 작전을 감행한다면 평화를 위해 전쟁 불가론을 폈던 제20대 대통령선거의 후보자들이라면 평화를 위해 남한을 북한에 통째로 넘겨주어야 할 텐데, 그들이 바로 그런 목적으로 종전선언과 주한미군의 철수를 주장하는 것이 아닐까 하는 생각까지 든다.

한반도의 강력한 전쟁억지력으로 작용해 오고 있는 주한 미군의 철수는 어떠한 경우라도 결코 동의해서는 안 될 뿐만 아니라 주한미군의 철수를 강력히 주장하는 집단이 있다면 대한민국의 존재를 부정하는 일일 것으로 생각되어 정부는 반드시 그 숨어있는 진의를 파악할 필요가 있을 것 같다.

다섯째, 잘못된 정책들로 추락하는 경제와 사회를 복구하자.

국가 경제보다 오직 사고방지에만 목적을 둔 탈원전 정책,

중대재해처벌법, 등의 정책들과 국가의 이익보다 인기 영합적 정책으로 보이는 노조편향정책과 온실가스 선제적 감축 정책 등 경제를 추락시킬 수밖에 없는 정책들로 인하여, 우리나라는 산업 생산력의 감소로 국민의 일자리는 점점 줄어들 것이고, 먹고살기도 점점 어려워질 것으로 예측되며, 군의 기강 해이, 교권의 추락, 도덕 불감증에 의한 심각한 집단이기주의에 의한 국론분열 등으로 국가안보와 사회적 시스템들이 모두 붕괴 위기에 있으므로 과거의 잘못된 정책들에 대해 국회와 함께 머리를 맞대고 논의하여 조속히 원래대로 회복시켜야 할 것 같다.

여섯째, 임명직 고위 공무원을 충성도가 아닌 능력 위주로 선발하자.

전 정권들에서 저지른 임명직 고위공무원을 능력 위주가 아닌 당의 충성도를 우선하여 자신들의 지지기반의 지역에 편중시킴으로써 지역적 갈등을 심화시키지 않도록 합리적인 인사제도를 도입하여야 할 것이다.

일곱째, 애국하는 척하며 벌이는 일본과 갈등 여기서 멈추자.

세계 어느 나라든 이웃 나라 간에 서로 지배당하기도 하고 지배를 하기도 한 역사가 있듯이, 우리나라도 국가안보 능력이 약하여 일본에 지배받으며 당했던 사실을 잊고 국가안보는 소홀히 하면서, 70년 이상 지난 과거를 계속 끄집어내어 갈등을 만들며 자신들만이 애국하는 집단인 척 국민에게 인기 영합하려는 선동정책에 집중하지 말고 이웃 나라인 일본과 서로도와 상생 발전하는 미래 지향적인 방향으로 갔으면 좋겠다.

여덟째, 국민의 윤리·도덕 교육에 힘쓰자.

우리나라는 박정희 대통령의 산업화 정책과 새마을운동이라는 국민의 의식개혁 운동으로 단시간에 엄청난 경제부흥과 함께 국민의 의식 수준을 획기적으로 높여 놓았지만, 이후 역대 대통령들과 정치집단들이 정쟁에만 매진하고 선동정치로 정권을 잡는 데만 집중하는 사이에 국민의 의식 수준이 점점 떨어져 국민소득은 거의 선진국 수준인데도 국민의 만족도는 OECD 국가 중 하위권에 머물러 있을 정도로 사회 각 분야에서 자신만 잘 살겠다는 이기주의와 반칙이 무성한 나라가 되어 가고 있다.

윤리.도덕 교육을 강화하기 위하여 새마을운동과 같은 새로운 국민 의식개혁 운동이 꼭 필요할 것이며, 단기적으로는 학교에서 윤리.도덕 교육을 강화하고, 모든 분야의 공무원 시험에 필수과목으로 넣어 국민의 윤리와 도덕의식을 높이는데 반드시 힘써야 할 것이다.

국회에 바란다

제21대 국회는 세월호 사고가 발생한 이후 집권한 민주당 정권에게 어떠한 이유였든 국민이 전폭적으로 지지해 주어 절대다수의 의석수를 차지하게 되었음에도, 추진해 온 대부분의 정책이 국가의 이익보다 재집권을 위한 사탕발림의 선동성 정책들을 추진하면서 극렬히 반대하는 야당인 국민의힘을 정치적 파트너로 생각하지도 않고 묵살하고, 의회 독재라는 말까지 들으며 쟁점 법안들을 무리하게 통과시키는 과정에서 국민도 자연스럽게 편가르기에 휩쓸리게 되면서 역대 최대의 극단적 정치 양극화를 가져와, 국가의 안보 위기, 경제위기, 도덕성 위기로 나라가 대위기에 봉착하게 되었다고 생각된다.

이러한 이유 등으로 민주당은 제20대 대통령선거에서 패배하였는데도 혹여 남은 2년의 임기에도 다수당인 민주당의 책임감을 또다시 잊고, 소수당인 여당 대통령의 국정에 발목을 잡는 일로만 일관하여 국정 혼란을 더욱 가속시킨다면, 우리나라는 대통령선거보다 국회의원이나 지자체장 선거가 훨씬 민의가 극명하게 반영되었었기 때문에 차기 국회의원선거에서 선거 표심의 향방을 충분히 예측할 수 있을 것이므로 민주당은 진정한 국정의 동반자로서 책임감 있는 정치를 하여 남은 기간이라도 지지해준 국민에게 보답하였으면 정말 좋겠다.

첫째, 행정부와 함께 의원내각제 개헌을 조속히 추진하자.

앞에서 언급했듯이 우리나라는 대통령제 정치체제로 인한 너무나 큰 부작용들이 생겨나고 있어, 국가가 존망의 위기에 처해 있으므로 의원내각제로의 개헌은 국가를 위해 가장 중차대한 국가의 과제일 것이며, 역사에 길이 남을 일이므로 여당이든 야당이든 먼저 제안하면 다른 당도 결코 발목을 잡는 일이 없이 합의하여 착수하고, 대통령 등 행정부의 지원을 받아 하루라도 빨리 개헌한다면 나락으로 떨어져 가는 대한민국을 구할 수 있을 것 같다.

둘째, 국익이 아닌 집단을 위한 선동정치들을 멈추자.

우리나라는 법을 만들고 행정부를 견제하는 국회의원 직무의 중요성으로 볼 때 도덕성이 크게 요구되므로 많은 보수, 사무실 운영비, 8명 정도의 보좌관, 판공비 등 일반인이 상상할 수 없는 비용을 국가에서 지원하고 있을 것이다.

헌법이나 국회법을 보면, 국회의원의 가장 중요한 의무 중 하나가 국익 우선의 의무인데 국회의원들이 국가와 국민을 위한 법과 정책개발은 외면한 채, 자신과 자신이 속한 정치집단의 차기 집권만을 위하여 국민을 선동하는 정치만을 연구하고 추진하는 일에 대부분 비용과 보좌관들의 업무를 집중하고 있는 것 같다.

행정부와 함께 국회에서 선동정치를 중지하지 않으면 정치적 양극화를 점점 심화시켜 대한민국을 나락으로 떨어뜨릴 것이므로 이제 그만 선동정치를 멈추어야 한다.

셋째, 공천에서 당의 충성도보다 도덕성을 가장 중요시하자.

국회의원을 공천할 때 당의 충성도만 따져서 도덕적으로 부족한 사람들을 공천한다면 결국에는 국가를 위해 일하는 게 아니라 집단과 사익만을 추구하게 되는 국회의원들이 많게 되어 국가는 점점 나락으로 추락할 수밖에 없을 것이므로 국회의원의 공천에서 당의 충성도보다 반드시 도덕성과 능력을 가장 중요시하자.

넷째, 자신의 정치집단을 위해 정치적 양극화를 부추기지 말자.

우리나라가 역대 가장 극단적 정치 양극화로 국론분열 사태를 맞게 된 것은 집권당이었던 민주당이 절대다수의 의석수를 믿고 재집권의 욕심으로 소수당인 야당을 정치 파트너로 인정하지 않고 극한 대립 속에서 국정을 운영하면서 여·야 극한 대립 때문에 국민의 편가르기가 심하게 일어난 결과로 생각되므로 국회가 가장 핵심적인 원인을 제공한 것이라 할 것이다.

이제 불과 임기가 2년밖에 남지 않은 제21대 국회는 눈 깜박하면 지나가겠지만, 다수당인 야당과 소수당인 여당의 크나큰 의석수 불균형으로 남은 2년간 새 정부의 원만한 국정운영은 국회에 달려있으므로 국민은 제발 여야가 국익을 위한 정책동반자로서 서로 협력하며 국회를 운영하여, 극단적 정치 양극화가 점차 완화될 수 있기를 기도하는 마음으로 국민이 지켜보고 있음을 알아야 할 것이다.

다섯째, 우리나라의 안보 위기, 경제위기, 도덕성 위기를 회복하자.

앞에서 말한 대로 탈원전 정책, 군의 기강 해이 등 사고방지만이 목적인 정책, 선제적 온실가스 감축 정책 등 국익보다 인기 영합에 목적을 둔 정책, 임대차보호법 등 계층 간의 갈등을 조장하는 정책으로 안보 위기, 경제위기, 도덕성 위기를 맞고 있는데 잘못된 정책들은 국민의 뜻을 물어 원래대로 하나씩 회복시킴이 마땅하다.

여섯째, 국익을 외면한 집단 패싸움을 그만하자.

어린 자식들과 손주들의 얼굴을 떠올리면서 그들에게 비참한 대한민국이 아닌 행복한 대한민국을 물려주려면 국가로부터 엄청난 급여, 보좌관, 사무실을 받으면서도 정작 국가의 이익은 외면한 채 집단의 이익만을 위해 벌이고 있는 부도덕한 집단 패싸움을 반드시 여기서 멈추어야 한다.

사법부에 바란다

첫째, 사법부의 자존심인 삼권분립을 지키자.

입법권, 사법권, 행정권의 삼권이 한쪽으로 집중되게 되면 시민의 정치 자유를 저해하게 되므로 이 세 가지 권력을 분립시키는 삼권분립을 통하여, 이들이 서로를 감시하고 견제할 수 있을 때, 국가 권력의 남용을 막고 정치적 자유가 실현될 수 있다고 한다.

대법원장, 대법관 등 사법부의 수장들이 자신들의 사명이며 자존심인 삼권분립까지 스스로 허물며 행정부의 종이 되길 자처한다면 역사는 후일 그들을 국가를 팔아먹은 매국노로 기술할 것이다.

민주주의를 독재체제로 바꾼 대부분의 독재자가 선거에서 이긴 후 사법부를 매수하여 결국에는 나라를 독재체제로 바꾸었다고 하는데, 지금의 사법부라면 우리나라도 매우 위험한 국가 중의 하나임이 틀림없어 보인다.

둘째, 군중심리를 이용한 군중 집회의 논리를 법 위에 두지 말자.

세월호 사고 이후에 민주당을 포함한 야당에서 정권교체를 위해 법으로 안 되니까 국민을 선동하는 촛불집회 등으로 만든 논리가 법보다 위에 있는 것처럼 사법부에서 판결함으로써 우리나라가 지금과 같이 극도의 위기 상황에 처해 있다고 생각되므로 사법부의 역할이 얼마나 중요한지를 깨달았을 것이다.

군중심리를 이용한 대규모 군중 집회로 만든 논리가 법 위에 있다면, 어떤 사안이든 의견이 대립하는 집단들에게 군중 집회를 열도록 하여 군중을 많이 모은 집단의 논리가 맞은 것으로 판결하면 될 텐데 법이 왜 필요하며, 법을 왜 만드나 하는 의문이 생긴다.

과거 정치 관행에 비추어 보면, 앞으로도 수없이 많은 정치 군중 집회가 열릴 것으로 예상되는데, 법관들은 진정 과거의 잘못을 반성하고, 좌 편향이든 우 편향이든 편향되지 말고 오직 양심을 가지고 법대로 판결해 주는 일이 대한민국이 국론 분열로 인하여 우크라이나와 같이 외부의 침공을 받아 국가가 절체절명의 위기에 몰리는 일이 없도록 하는 길임을 깨달아야 할 것 같다.

사법부 외에도 헌법재판소 재판관, 검찰청, 특별검사, 공수처 등의 모든 사직당국의 역할과 책임도 동일하다 하겠다.

언론에 바란다

첫째, 언론의 편집과 보도권을 독립시키자.

언론이 정치집단에 빌붙어 자사의 이득을 위한 수단으로 보도 행위를 하고, 자율성이 보장되어야 할 편집과 보도에 정치권이나 노조가 개입되어 편향적인 보도를 일삼는다면 나라의 미래는 없다고 할 것이므로 제도적으로 편집과 보도권을 독립시키는 방법을 마련하자.

둘째, 정치집단에 빌붙어 하는 편향 보도를 멈추자.

언론사들은 정치집단들에 빌붙지도 말고, 노조 등에 휘둘리지 말고, 우리나라가 처한 극단적 정치 양극화가 나라를 파국으로 몰고 가는 데 있어서 얼마나 위험한 사회악임을 진정 깨닫고, 언론사들조차 양극화 집단에 끼어들어 편향적인 보도를 하는 일이 반드시 없도록 양심적인 보도로 언론의 책임을 다할 때 우리나라는 바로 설 수 있을 것이다.

국민에게 바란다

첫째, 한계에 다다른 대통령제의 폐단을 확실히 알자.

우리나라의 대통령제에 의해 발생하는 폐단들을 앞에서 수없이 언급하였듯이 이제는 대통령제로 인해 국가가 파국의 위기를 맞고 있음을 피부로 느끼고 있으므로 국민이 내각책임제로의 개헌에 대한 필요성을 확실히 알고 국민적 합의를 위한 논의에 즉각 착수하도록 정치권을 설득하자.

둘째, 선동정치를 일삼는 정치집단을 영원히 추방하자.

우리나라가 파멸의 대위기에 봉착하게 된 원인은 정치집단들이 벌인-독재자 히틀러가 가장 중요시했다는-선동정치에 국민이 현혹되어 일어난 일로 보인다. 제20대 대통령선거에서 후보자들이 쏟아낸 엄청난 선거 포퓰리즘은 겉으로는 국가를 위하는 척 내세우지만, 내면적으로는 대부분이 국민을 유혹하려는 선동정치로서 눈만 뜨면 선동정치가 판을 치고 있다.

앞으로도 우리나라에 부도덕한 정치집단이나 정치인이 있을 수밖에 없어 부도덕한 정치인이 가장 많이 애용하는 수단인 선동정치가 우리 사회에 발붙이지 못하도록 국민의 올바른 참정권 행사로 선동정치를 일삼는 정치집단들을 이 땅에서 영원히 추방하자.

셋째, 나라를 망치고 있는 지역색 버려야 한다.

필자가 생각하기에 극단적 정치 양극화에 의해 극심한 국론 분열이 만들어지고 있는 가장 큰 원인은 우리나라가 취하고 있는 대통령제의 부작용과 함께 지역적으로 호남과 영남으로 나뉜 정당들이 양당 체제를 구축하여 항상 반대를 위한 반대와 내 편과 네 편만이 있는 극단적인 패싸움으로 정치와 사회의 분위기를 변화시킨 탓이라고 판단된다.

국회의원 등 국가를 위한 정치지도자를 뽑는 데 선거가 필요 없을 정도의 극심한 지역주의(지역색)를 이용하는 정치인과 정치집단들이 우선 나쁘지만, 이런 지역색에 빠져 자신들이 대단한 일을 하는 것처럼 즐기듯이 오프라인 환경이든 온라인 환경이든 상호 무차별 공격하면서 국론 분열을 키우고 있는 국민도 그 책임이 작지는 않을 것이다.

우리나라가 남북한으로 갈려 대치하고 있는 상황이 하도 안타깝고 억울하여 "우리의 소원은 통일"이라고 말하고 있으면서도 호남, 영남으로 갈린 지역주의에 빠지도록 국민을 선동하고 그를 이용하려는 정치집단이 만일 통일을 운운한다면 국민이 그들의 정신 상태를 어떻게 생각할지를 진정 깨달아야 할 것이며, 시중에 떠도는 말로 이쯤 되면 지역별로 나라를 별도로 세워줘야 하는 게 아니냐는 말이 나올 정도로 심한 지역색은 극단적 정치 양극화에 가장 큰 원인중의 하나임을 분명히 알아야 할 것이다.

우리 사회에서 점점 심화되고 있는 지역색을 타파하지 못한다면 우리나라는 분명 더욱 심한 국론분열로 거대 양당이 추구하는 정책의 색깔별로 지지자들에게 그 색깔에 맞는 이데올로기가 입혀지고 굳어져 국론분열을 더욱 가속시킴으로써 대한민국을 파멸로 몰고 갈 것이 분명하다.

혹여 이런 이야기를 어떤 정치인이 하고 있다면 분명 지역색에 앞장섰거나 지역색의 혜택을 입은 자일수록 극렬하게 나서서 그 정치인을 당장 영원히 정치권에서 퇴출시키자고 기를 쓰고 달려들 테니, 정치인들은 필자와 같은 생각을 갖고도 감히 말을 꺼낼 엄두도 내지 못할 것이므로 필자와 같은 보통 사람이 이런 책을 쓰는 이유이기도 하다.

필자는 이런 극심한 지역색이 선악의 문제가 아니라 국가의 장래에 미칠 악영향을 인식하지 못한 채 습관이 되어버렸기 때문이므로 잘못된 습관임을 인식만 하여도 50% 이상의 해소 효과가 있을 것으로 판단되어, 호남과 영남 사람들은 지역색으로 굳어진 부끄러운 관습을 자녀 세대에게 대물림할 수는 없다는 각오로 혹여 자신이 지역색에 빠진 것은 아닌지 돌아

보아야 할 것이다.

  필자는 민간 차원에서 우리 사회에서 가장 지역색이 없는
종교계가 나서서 국민들에게 "지역색! 버려야 해요!"라는 슬
로건을 펼치며 국민의식 개혁운동을 전개한다면 매우 효과적
으로 빠르게 지역색을 타파하고 국민통합을 이룰 수 있을 거
라고 생각되어 감히 종교계에 제안하고 싶다.

  넷째, 모든 국민이 "모두가 내 탓이오"라는 책임감을 갖자.

  국가를 위기로 몰고 있는 잘못된 집단의 구성원들이 모두
내 이웃이고 내 친구일 수 있는 우리 국민들이며, 방법이야 어
떻든 내 이익만 최대로 챙기면 된다는 사회에 만연된 도덕불
감증도 우리 자녀들의 윤리·도덕교육의 부재에서 생긴 문제들
로 그 책임이 바로 우리 자신에게 있음을 절실히 느끼고, "모
두가 내 탓이오!"라든가 "양심을 회복하자!"와 같은 슬로건 아
래 자라나는 우리 아이들에게 행복이 넘치는 대한민국을 물려
줄 수 있도록 국민 모두가 도덕불감증 해소에 온갖 노력을 경
주하여야 할 때이다.

삶

세상 만물은 서로 맺는 인연으로
하늘에 떠 있는 구름과 같이
끊임없이 온갖 형상으로 변화되며,
얽혀진 인연들로 별별 일이 다 생깁니다.
인간으로 태어나 세상 구경하고
있음은 크나큰 행운입니다.
함께 어울려 살아야 하므로
감정과 욕구를 조절하여야 하고,
좋은 성격과 습관을 길러야 하며,
세상을 바로 보려면 무지, 욕심, 편견, 세뇌,
원망, 불안 등을 경계하여야 합니다.
사는데 필요한 지식과 기술들을 배우며,
이런저런 이들과 어울리어
나름의 즐거움과 보람을 일구며 삽니다.

부록

한반도의 평화와 번영, 통일을 위한 판문점선언

한반도의 평화와 번영, 통일을 위한 판문점선언

대한민국 문재인 대통령과 조선민주주의인민공화국 김정은 국무위원장은 평화와 번영, 통일을 염원하는 온 겨레의 한결같은 지향을 담아 한반도에서 역사적인 전환이 일어나고 있는 뜻깊은 시기에 2018년 4월 27일 판문점 평화의 집에서 남북정상회담을 진행하였다.

양 정상은 한반도에 더 이상 전쟁은 없을 것이며 새로운 평화의 시대가 열리었음을 8천만 우리 겨레와 전 세계에 엄숙히 천명하였다.

양 정상은 냉전의 산물인 오랜 분단과 대결을 하루빨리 종식하고 민족적 화해와 평화번영의 새로운 시대를 과감하게 열어나가며 남북관계를 보다 적극적으로 개선하고 발전시켜 나가야 한다는 확고한 의지를 담아 역사의 땅 판문점에서 다음과 같이 선언하였다.

1. 남과 북은 남북관계의 전면적이며 획기적인 개선과 발전을 이룩함으로써 끊어진 민족의 혈맥을 잇고 공동번영과 자주통일의 미래를 앞당겨 나갈 것이다.

남북관계를 개선하고 발전시키는 것은 온 겨레의 한결같은 소망이며 더 이상 미룰 수 없는 시대의 절박한 요구이다.

① 남과 북은 우리 민족의 운명은 우리 스스로 결정한다는 민족 자주의 원칙을 확인하였으며 이미 채택된 남북 선언들과 모든 협의들을 철저히 이행함으로써 관계 개선과 발전의 전환적 국면을 열어나가기로 하였다.

② 남과 북은 고위급 회담을 비롯한 각 분야의 대화와 협상을 빠른 시일 안에 개최하여 정상회담에서 합의된 문제들을 실천하기 위한 적극적인 대책을 세워나가기로 하였다.

③ 남과 북은 당국 간 협의를 긴밀히 하고 민간교류와 협력을 원만히 보장하기 위하여 쌍방 당국자가 상주하는 남북공동연락사무소를 개성지역에 설치하기로 하였다.

④ 남과 북은 민족적 화해와 단합의 분위기를 고조시켜 나가기 위하여 각계각층의 다방면적인 협력과 교류, 왕래와 접촉을 활성화하기로 하였다.

안으로는 6.15를 비롯하여 남과 북에 다 같이 의의가 있는 날들을 계기로 당국과 국회, 정당, 지방자치단체, 민간단체 등 각계각층이 참가하는 민족공동 행사를 적극 추진하여 화해와 협력의 분위기를 고조시키며, 밖으로는 2018년 아시아경기대회를

비롯한 국제경기들에 공동으로 진출하여 민족의 슬기와 재능, 단합된 모습을 전 세계
에 과시하기로 하였다.

⑤ 남과 북은 민족 분단으로 발생된 인도적 문제를 시급히 해결하기 위하여 노력하
며, 남북 적십자 회담을 개최하여 이산가족·친척 상봉을 비롯한 제반 문제들을 협의
해결해 나가기로 하였다.

당면하여 오는 8.15를 계기로 이산가족·친척 상봉을 진행하기로 하였다.

⑥ 남과 북은 민족경제의 균형적 발전과 공동번영을 이룩하기 위하여 10.4선언에
서 합의된 사업들을 적극 추진해 나가며 1차적으로 동해선 및 경의선 철도와 도로들
을 연결하고 현대화하여 활용하기 위한 실천적 대책들을 취해나가기로 하였다.

2. 남과 북은 한반도에서 첨예한 군사적 긴장 상태를 완화하고 전쟁 위험을 실질적
으로 해소하기 위하여 공동으로 노력해 나갈 것이다.

한반도의 군사적 긴장 상태를 완화하고 전쟁 위험을 해소하는 것은 민족의 운명과
관련되는 매우 중대한 문제이며 우리 겨레의 평화롭고 안정된 삶을 보장하기 위한 관
건적인 문제이다.

① 남과 북은 지상과 해상, 공중을 비롯한 모든 공간에서 군사적 긴장과 충돌의 근
원으로 되는 상대방에 대한 일체의 적대행위를 전면 중지하기로 하였다. 당면하여 5
월 1일부터 군사분계선 일대에서 확성기 방송과 전단 살포를 비롯한 모든 적대행위
들을 중지하고 그 수단을 철폐하며 앞으로 비무장지대를 실질적인 평화지대로 만들
어 나가기로 하였다.

② 남과 북은 서해 북방한계선 일대를 평화수역으로 만들어 우발적인 군사적 충돌을
방지하고 안전한 어로 활동을 보장하기 위한 실제적인 대책을 세워나가기로 하였다.

③ 남과 북은 상호협력과 교류, 왕래와 접촉이 활성화 되는 데 따른 여러 가지 군사
적 보장대책을 취하기로 하였다.

남과 북은 쌍방 사이에 제기되는 군사적 문제를 지체 없이 협의 해결하기 위하여 국
방부장관회담을 비롯한 군사당국자회담을 자주 개최하며 5월 중에 먼저 장성급 군사
회담을 열기로 하였다.

3. 남과 북은 한반도의 항구적이며 공고한 평화 체제 구축을 위하여 적극 협력해 나
갈 것이다.

한반도에서 비정상적인 현재의 정전상태를 종식시키고 확고한 평화 체제를 수립하
는 것은 더 이상 미룰 수 없는 역사적 과제이다.

① 남과 북은 그 어떤 형태의 무력도 서로 사용하지 않을 때 대한 불가침 합의를 재확인하고 엄격히 준수해 나가기로 하였다.

② 남과 북은 군사적 긴장이 해소되고 서로의 군사적 신뢰가 실질적으로 구축되는 데 따라 단계적으로 군축을 실현해 나가기로 하였다.

③ 남과 북은 정전협정체결 65년이 되는 올해에 종전을 선언하고 정전협정을 평화협정으로 전환하며 항구적이고 공고한 평화 체제 구축을 위한 남·북·미 3자 또는 남·북·미·중 4자회담 개최를 적극 추진해 나가기로 하였다.

④ 남과 북은 완전한 비핵화를 통해 핵 없는 한반도를 실현한다는 공동의 목표를 확인하였다.

남과 북은 북측이 취하고 있는 주동적인 조치들이 한반도 비핵화를 위해 대단히 의의 있고 중대한 조치라는 데 인식을 같이하고 앞으로 각기 자기의 책임과 역할을 다하기로 하였다.

남과 북은 한반도 비핵화를 위한 국제사회의 지지와 협력을 위해 적극 노력하기로 하였다.

양 정상은 정기적인 회담과 직통전화를 통하여 민족의 중대사를 수시로 진지하게 논의하고 신뢰를 굳건히 하며, 남북관계의 지속적인 발전과 한반도의 평화와 번영, 통일을 향한 좋은 흐름을 더욱 확대해 나가기 위하여 함께 노력하기로 하였다.

당면하여 문재인 대통령은 올해 가을 평양을 방문하기로 하였다.

2018년 4월 27일

판문점

대한민국 대통령 문재인, 조선민주주의인민공화국

국무위원회 위원장 김정은

문재인 대통령 취임사 전문

사랑하는 국민 여러분 감사합니다. 국민 여러분의 위대한 선택에 머리 숙여 깊이 감사드립니다. 저는 오늘 대한민국 제19대 대통령으로서 새로운 대한민국을 향해 첫걸음을 내딛습니다. 지금 제 어깨에는 국민 여러분들부터 부여받은 막중한 소명감으로 무겁습니다. 지금 제 가슴은 한 번도 경험하지 못한 나라를 만들겠다는 열정으로 뜨겁습니다. 그리고 지금 제 머리에는 통합과 공존의 새로운 세상을 열어갈 청사진으로 가득차 있습니다.

우리가 만들어가려는 새로운 대한민국은 숱한 좌절과 패배에도 불구하고 우리의 선대들이 일관되게 추구한 나라입니다. 또 많은 희생과 헌신을 감내하며 우리 젊은이들이 그토록 이루고 싶어 한 나라입니다. 그런 대한민국을 만들기 위해 역사, 국민 앞에 두렵지만 겸허한 마음으로 대한민국 제19대 대통령으로서의 책임과 소명을 다할 것임을 천명합니다. 함께 선거를 치른 후보들께 감사의 말씀과 함께 심심한 위로를 전합니다. 이번 선거에선 승자도 패자도 없습니다. 우리는 새로운 대한민국을 함께 이끌어갈 동반자입니다. 이제 치열했던 경쟁의 순간을 뒤로 하고 함께 손을 맞잡고 앞으로 전진해야 합니다.

존경하는 국민 여러분 지난 몇 달 우리는 유례없는 정치적 격변기를 보냈습니다. 정치는 혼란스러웠지만, 국민은 위대했습니다. 현직 대통령의 탄핵과 구속 앞에서도 국민이 대한민국의 앞길을 열어주셨습니다. 우리 국민은 좌절하지 않고 이를 전화위복의 계기로 승화시켜 마침내 새로운 세상을 열었습니다. 대한민국의 위대함은 국민의 위대함입니다. 그리고 이번 대통령선거에서 우리 국민은 또 하나의 역사를 만들어 주셨습니다. 전국 각지에서 고른 지지로 새로운 대통령을 만들어주셨습니다.

오늘부터 저는 국민 모두의 대통령이 되겠습니다. 저를 지지하지 않았던 국민 한 분 한 분도 저의 국민이고 우리의 국민으로 섬기겠습니다. 저는 감히 약속드립니다. 2017년 5월 10일, 진정한 국민통합의 시작 단계로 역사에 기록될 것입니다. 존경하고 사랑하는 국민 여러분. 힘들었던 지난 세월 국민은 이게 나라냐고 물었습니다. 대통령 문재인은 바로 그 질문에서 새로 시작하겠습니다. 오늘부터 나라를 나라답게 만드는 대통령이 되겠습니다. 구시대의 잘못된 관행과 과감히 결별하겠습니다. 대통령부터 새로워지겠습니다. 우선 권위적인 대통령 문화를 청산하겠습니다. 준비를 마치는 대로 청와대에서 나와 광화문 대통령 시대를 열겠습니다. 참모들과 토론하겠습니다. 국민들과 수시로 소통하는 대통령 되겠습니다. 주요 사안은 대통령이 언론에 직접 브리핑하겠습니다. 퇴근길에는 시장에 들러 시민들과 격 없는 대화 나누겠습니다. 때로는 광화문 광장에서 대토론회를 열겠습니다. 대통령의 제왕적 권력을 최대한 나누겠습니다.

권력기관은 정치로부터 완전히 독립시키겠습니다. 그 어떤 기관도 무소불위의 권력을 행사할 수 없도록 견제장치 만들겠습니다. 낮은 자세로 일하겠습니다. 국민들과 눈높이를 맞추는 대통령되겠습니다. 안보 위기도 서둘러 해결하겠습니다. 한반도 평화 위해 동분서주하겠습니다. 필요하면 곧바로 워싱턴으로 날아가겠습니다. 베이징, 도쿄도 가고 여건이 조성되면 평양도 가겠습니다. 한반도 평화를 위해서라면 제가 할 수 있는 일은 뭐든 하겠습니다.

한편 사드 문제를 위해 미국 및 중국과 진지하게 협상하겠습니다. 튼튼한 안보는 막강한 국방력에서 비롯됩니다. 자주국방력을 강화하기 위해 노력하겠습니다. 북핵문제 해결할 토대도 만들겠습니다. 동북아 평화구조를 정착시킴으로서 한반도 긴장 완화의 전기를 마련하겠습니다.

분열과 갈등의 정치도 바꾸겠습니다. 보수-진보 갈등은 끝나야 합니다. 대통령이 직접 나서서 대화하겠습니다. 야당은 국정 운영의 동반자입니다. 대화를 정례화하고 수시로 만나겠습니다. 전국적으로 고르게 인사를 등용하겠습니다. 능력과 적재적소를 인사의 대원칙으로 삼겠습니다. 저에 대한 지지와 상관 없이 유능한 인재를 삼고초려해서 이를 맡기겠습니다.

나라 안팎으로 경제가 어렵고 민생도 어렵습니다. 무엇보다 먼저 일자리 챙기겠습니다. 동시에 재벌개혁도 앞장서겠습니다. 문재인 정부에서는 정경유착이라는 낱말, 완전히 사라질 것입니다. 지역, 계층, 세대 간 갈등을 해소하고 비정규직 문제도 해결의 길 모색하겠습니다. 차별 없는 세상 만들겠습니다. 거듭 말씀드리겠습니다. 문재인과 더불어민주당 정부에서 기회는 평등할 것입니다. 과정은 공정할 것입니다. 결과는 정의로울 것입니다. 존경하는 국민 여러분 이번 대통령선거는 전임 대통령 탄핵으로 치뤄졌습니다. 이번 선거를 계기로 이 불행한 역사는 종식돼야 합니다. 저는 대한민국 대통령의 새로운 모범이 되겠습니다. 국민과 역사가 평가하는 성공한 대통령이 되기 위해 최선을 다하겠습니다. 그래서 지지와 성원에 보답하겠습니다. 깨끗한 대통령 되겠습니다. 빈손으로 취임하고 빈손으로 퇴임하는 대통령이 되겠습니다. 훗날 고향으로 돌아가 평범한 시민이 돼 이웃과 정을 나눌 수 있는 대통령 되겠습니다. 국민 여러분의 자랑으로 남겠습니다. 약속을 지키는 솔직한 대통령 되겠습니다. 선거 과정에서 제가 했던 약속 꼼꼼히 챙기겠습니다.

대통령부터 신뢰받는 정치를 솔선수범해야 진정한 정치발전이 될 것입니다. 불가능한 일하겠다고 큰소리치지 않겠습니다. 잘못한 것은 잘못했다고 말씀드리겠습니다. 거짓으로 불리한 여론을 덮지 않겠습니다. 공정한 대통령 되겠습니다. 특권, 반칙 없는 세상 만들겠습니다. 상식대로 해야 이득 보는 세상 만들겠습니다. 이웃의 아픔을 외면하지 않겠습니다. 소외된 국민 없도록 노심초사하는 마음으로 항상 살피겠습니다. 국민의 새로운 눈물을 닦는 대통령이 되겠습니다. 낮은 사람 겸손한 권력이 돼 가장 강력한 나라를 만들겠습니다. 군림하고 통치하는 대통령이 아니라 대화하고 소통하는 대통령이 되겠습니다. 광화문 시대 대통령이 돼 국민들과 가까운 곳에 있겠습니다. 따뜻하고 친구 같은 대통령으로 남겠습니다.

사랑하고 존경하는 국민 여러분, 2017년 5월 10일 오늘 대한민국이 다시 시작합니다. 나라를 나라답게 만드는 대역사가 시작됩니다. 이 길에 함께해주십시오. 저의 신명을 바쳐 일하겠습니다. 감사합니다.

일본의 의원내각제 정치제도

일본의 인터넷 백과사전 "Wikipedia"에 있는 일본의 정치(日本の政治)의 주요 부분을 번역하였다.

○ 의회제 민주주의

국민의 대표자인 국회의원이 국회에서 정치를 계획하는 데 참여하여 민주주의를 실현하는 제도(간접민주제)다.

기타 헌법 개정은 국민투표에 의한 직접민주제를 채용한다.

○ 의원내각제

국회에서의 내각 총리지명선거에 따라 국회의원 중에서 내각총리대신을 선출하고, 내각총리대신을 수장으로 하는 내각이 조직되고, 그 내각은 국회와 연대하여 책임을 지는 제도다.

중의원은 내각불신임결의를 가결 또는 내각 신임 결의를 부결하고, 내각에 총사직을 압박하는 것이 가능하고, 내각은 이 것을 대항하여 중의원을 해산하는 것이 가능하다.

○ 상징 천황제

일본국 헌법 제1조는 천황을 일본국 및 일본 국민통합을 상 징한다고 규정하고 세습에 따라 승계한다.

천황의 직무는 국사 행위를 행하는 것에 한정하여, 내각의 조언과 승인이 필요하며, 국정에 관한 권능은 전혀 없다.

○ 국가의 정치형태
- 입법
국회: 중의원, 참의원
- 행정
내각: 내각총리대신, 중앙성청(中央省庁)
- 사법
최고재판소

일본의 행정·사법은 헌법과 국회가 정한 법률과 명문화된 법령 등에 기초하여 행해지며, 그 때문에 일본은 법치국가라 고 불린다.

일본국 헌법은 주권이 국민에게 있는 국민주권을 정한다.

정치상 권력을 입법권, 행정권, 사법권으로 삼권이 분립되 고, 각각 국회, 내각, 재판소로 배분하여 권력분립 체제를 정한다.

국회의 국권 최고기관이라는 의회제 민주정치가 행해지며, 국회와 내각의 협동에 따라 의원내각제를 채용하였다.

일본국 헌법은 지방자치를 정한다. 일본의 지방자치는 전국 47 지역을 망라하여 나눈 도도부현(都道府県)과 도도부현 중에서 몇 개의 지역으로 나눈 시정촌(市町村)의 2단계 공공지방단체로 떠맡고 있다.

○ 입법

일본국 헌법은 국회를 국권 최고기관으로 하고, 국가의 유일한 입법기관으로 정하였다.

국회는 중의원과 참의원으로 구성되며(이원제), 모두 국민으로부터 직접선거에 의해 전 국민을 대표할 국회의원으로 구성하고, 중의원 의원과 참의원 의원을 겸할 수 없다.

◇ 국회의원

중의원 의원의 임기는 4년이지만 중의원이 해산되는 경우는 임기 전에 자격을 잃고, 중의원 해산은 내각이 결정하여 천황이 한다.

내각은 천황의 국사 행위에 조언과 승인하는 입장으로 하므로 실무상 천황의 국사 행위에 책임을 지는 내각이 실질적 결정권을 갖는 것으로 되어 있다.

내각불신임결의가 가결되어 10일 내에 내각총사직이 안 되는 경우는 중의원 해산을 해야 하지만 그 외에도 내각은 그 재량에 따라 중의원을 해산하는 것이 가능하다고 해석되고 있다.

중의원의 해산 또는 중의원 의원의 임기 만료에 수반한 선거는 모든 의원이 선출되므로 총선거라 부른다.

참의원 의원의 임기는 6년이고 3년마다 반수를 개선한다. 참의원 의원의 임기 만료에 수반되는 선거를 통상선거라고 부른다.

중의원의 총선거는 소선거구제와 비례대표제(구속명부식)로 하는 소선거구 비례대표 병립제가 채택되고, 참의원의 통상선거는 선거구제(대선거구제, 중선거구제)와 비례대표제(비구속명부식)가 병용된다.

중의원 의정수는 465명(소선거구제 289명, 비례대표제 176명)이고, 참의원 의정수는 245명(선거구 선출의원 147명, 비례대표선출의원 98명)이다.

◇ 국회의 종류 및 회기

국회는 매년 1회의 소집이 의무화되어 있고, 이것을 상회(통상국회)라 말한다. 또 내각이 스스로 또는 일정수의 국회의원의 요구에 따라 내각이 임시국회의 소집을 결정할 수 있고, 이것을 임시회(임시국회)라 한다.

1992년(평성 4년) 이후는 예년 1월에 소집되고, 9월경에 임시회가 소집되었다. 중의원 의원 총선거 후에는 특별회(특별국회)가 소집되어 내각총리대신을 지명한다.

국회는 회기제가 채택되고 있고, 회기불계속의 원칙과 일사부재의의 원칙이 정해져 있다.

회기불계속의 원칙은 회기독립의 원칙이라 부르고, 계속심의 결의가 되지 않는 한 회기 중에 의결이 늦어졌던 의안은 폐안(소멸)으로 되는 원칙이다.

일사부재의의 원칙은 한번 의결된 의안은 동일 회기 중에 다시 제출할 수 없는 것으로 하는 원칙이다.

상회의 회기는 150일간이고, 연장은 1회만 가능하며, 임시회의 회기는 그때마다 양원일치의 의결로 정하고, 연장은 2회까지 가능하며, 회기의 결정 및 연장에 대하여는 중의원의 우월이 인정되고, 중의원과 참의원의 결의가 일치하지 않는 경우 및 참의원이 결의하지 않는 경우는 중의원의 의결에 따른다.

◇ 참의원

일본국 헌법에서는 양원제와 함께 전 국민을 대표하는 선거로 뽑은 의원으로 조직되는 민주적 제2차원형(第二次院型)의 이원제를 채용하고 있다.

참의원의 임기는 중의원의 임기(4년)보다 긴 6년이고 중의원과 같이 전원 개선(총선거)이 아니고 3년마다 반수 개선(통상 선거)을 한다.

또 중의원과 달리 참의원은 임기 도중에 해산이 생기지 않아 실제의 임기 차는 바뀌는 경우가 많다.

참의원만 인정되는 권능으로는 중의원 해산 중에는 참의원 긴급 소집이 있다.

예산에 대하여는 중의원 선의결권이 인정되기 때문에 참의원은 통상 후결의 원이 된다. 내각불신임결의 또는 내각신임 결의는 중의원만 인정되고 있다.

중의원이 가결한 법률안에 대하여 참의원이 다른 결의가 있는 경우에 중의원이 재가결하기 위하여 출석의원 3분의 2 이상의 다수가 필요하게 되어 결의의 요구치가 높다.

참의원이 결의하지 않을 때에는 중의원은 부결로 보고 재가결을 진행하는 것이 가능하지만 참의원의 법률안을 받고 나서 60일이 지나지 않으면 안 되고 이 방법을 여러 번 쓰는 것은 어렵다.

따라서 회기 중에 예산 기타 많은 법률을 성립시키지 않으면 안 되는 내각의 경우에는 참의원에 대처하는 것을 경시할 수가 없다.

헌법 개정안의 결의에 대하여는 양원은 완벽히 대등하며, 헌법만이 아니고 법률에 기초한 국회의 의결에 관하여도 대등한 예가 많이 있다.

상대적으로 참의원은 정권에 대한 일정 거리를 유지하고, 다양한 민의를 반영하고, 정부에 대하여 점검기능이라 하는 기능을 하고 있다.

따라서 중의원과 다른 프로세스로 선거랑 심의를 하고 다원적으로 국민의 의사를 반영하는 것이 기대된다.

참의원 의원 수는 2019년(영화 원년) 7월 현재 도도부현을 단위로 하는 선거구 선출의원이 147인(2022년부터 148인)이고, 전국을 단위로 하는 비례대표의원 98인(2022년부터 100인)으로 합하여 245인(2022년부터 248인)이다.

◇ 중의원

일본국 헌법 아래 참의원과 함께 국회를 구성하고 있는 일원이며, 참의원과 동일하게 전 국민을 대표하는 선거로 뽑힌 의원으로 조직된다.

중의원의 임기(4년)는 참의원의 임기(6년)보다 짧고 중의원은 임기 도중에 해산이 있다.

덧붙여서 일본국 헌법 시행 후 중의원 임기 만료를 억제한 일은 한 번밖에 없었다.

더욱 충실히 민의를 반영하는 것이 가능한 것으로 해석되고 있으므로 참의원에 대하여 우월적 지위가 인정되고 있다.

중의원이 가결하고 참의원이 이것에 다른 결의를 한 법률안은 중의원에서 3분의 2 이상 다수로 재가결하였을 때는 법률이 된다.

내각총리대신의 지명, 예산의 결의, 조약의 승인에 대하여 참의원이 중의원과 다른 결의를 한 경우에 양원협의회를 개최하여도 의견이 일치하지 않는 때는 중의원의 결의를 국회의 결의로 한다.

회기의 결정에 대하여 양의원의 결의가 일치하지 않을 때 또는 참의원이 결의하지 않은 때는 중의원이 결의한 것에 따른다.

그래도 헌법 개정의 발의 등에서는 우월이 없다.

내각불신임결의는 중의원만이 할 수 있고 내각은 중의원에서 불신임의 결의안을 가결하거나 신임안이 부결된 때 10일 이내에 중의원을 해산하지 않는 한 총사직하지 않으면 안 된다.

2017년(평성 29년) 개선 후 중의원의 의석수는 465명(소선거구제 289명, 비례대표제 176명)이다.

의원은 원내에서는 회파(院內会派)를 만들어 행동하는 일이 많다. 원내회파로는 2인 이상의 원소속 의원에서 결성하는 단체로 하는 것을 말한다.

정당과 거의 겹치는 것으로 2개 이상의 정당에서 하나의 회파를 만든다든지 무소속의원이 원내 회파에 소속하는 것이 있다.

이런 원내 각 위원회의 위원수랑 발언·질문의 시간 배분 등은 정당이 아니고 회파 소속의 원수에 따라 좌우된다.

중의원 참의원 모두 관례에 따라 의장과 부의장은 회파를 떠난다.

법률안은 국회의원 또는 내각에 의해 제출되며, 국회의원이 제출한 법안을 의원입법 또는 중법(중의원 의원이 제출한 법안), 참법(참의원 의원이 제출한 법안)이라고 한다.

내각에서 제출한 법안을 내각제출법안(정부 제출법안) 또는 각법(閣法)이라고 한다.

현재, 1회기 내에 제출법안 중 대개 30%가 의원입법이고, 70%가 내각제출법안으로 되어 있다.

성립률은 의원입법이 20% 정도이고, 내각 제출 법안이 80% 정도이다.

총리대신을 배출한 여당과 내각은 협동하여 내각 제출 법안의 성립에 노력한다.

◇ 정당

일본국 헌법에는 정당에 관한 규정은 없고, 정치자금 규정법은 정치단체 중에 국회의원을 5인 이상 소유할 것 또는 바로 직전의 총선거 또는 통상선거 또는 바로 직전의 통상선거 전의 통상선거에서 득표총수가 투표 총수의 100분의 2 이상일 것을 정당으로 정의하고 있다.

이런 정당은 계출(届出)과 수지(收支) 보고 의무가 정해져 있고, 정치자금의 투명화를 함과 함께 정당 중 국회의원을 가진

자에게 정치교부금에 의한 조성을 진행한다.

◇ 여당

여당은 행정부를 맡은 또는 행정부와 한 패인 정당을 의미하며, 일반적으로 내각을 조직하고 있는 정당을 칭한다.

내각이 일당에서 조직될 때에는 단독내각이고 복수당에서 조직될 때에는 연립내각이라 부르며, 내각에는 한패가 되는 내각의 방침을 기본적으로 지지하는 형태를 취할 때에는 각외협력(閣外協力)이라 부른다.

여당의 요건은 당으로서 현재 정권을 항상 지지하고, 정권협정 등의 형태로 참여하는 것이며, 일반적으로 정권을 담당하고 있는 정당을 칭하여 사용되고 있다.

일본의 중의원 구성(2021. 12. 22일 현재)

与党				295
	自由民主党	自由民主党	263	263
	公明党	公明党	32	32
野党				167
	立憲民主党・無所属	立憲民主党	95	97
		社会民主党	1	
		無所属	1	
	日本維新の会	日本維新の会	41	41
	国民民主党・無所属クラブ	国民民主党	11	11
	日本共産党	日本共産党	10	10

有志の会	無所属	5	5
れいわ新選組	れいわ新選組	3	3
無所属・欠員			3
無所属	議長: 細田博之 （自由民主党） 副議長: 海江田万里 （立憲民主党）	2	3
	無所属	1	
欠員		0	0
合計			465

○ 행정

행정권은 내각에 속하며, 국회의원 중에서 국회의 의결에 따라 내각총리대신을 지명하고, 내각총리대신은 총리가 임명한다.

내각총리대신은 국무대신을 임명하고, 내각총리대신과 국무대신은 합의체로 내각을 구성한다.

내각총리대신은 국무대신을 임의로 파면하는 것이 가능하며, 내각총리대신은 국회에서 지명하지만, 국무대신은 과반수가 국회의원이 있으면 좋다.

아래의 경우에는 내각은 총사직한다.

- 중의원에 의해 내각불신임이 가결되거나 신임결의안이 부

결되는 경우로서 중의원이 해산되지 않을 때

- 중의원의 총선거 후 처음으로 국회를 소집한 때

○ 사법

사법권은 최고재판소 및 법률에 따라 설치한 하급재판소에 속한다.

종심재판소인 최고재판소는 최고재판소 장관과 기타 최고재판소 재판관으로 구성되며, 최고재판소 장관은 내각이 지명하고 천황이 임명한다.

기타 최고재판소 재판관은 내각이 임명한다.

최고재판소 장관과 기타 최고재판소 재판관은 임명 후 국민심사를 받으며, 그 후 10년이 지난 때는 다시 국민심사를 받는다.

최고재판소 재판관은 법률이 정한 정년(70세)에 달하면 퇴관한다.